条例の種を見つけて作れる！

変化に応じて見直せる！

「生きた」議員提案条例をつくろう

津軽石 昭彦 [著]

第一法規

改訂版はしがき

　本書は、2004年に「地方議会議員データファイル」の別冊（非売品）として上梓した「議員提案条例をつくろう―議員提案条例のノウハウ―」という本の改訂版です。

　第1版が発行された当時は、地方分権一括法が施行されてまだ4年でしたが、全国の地方議会で、政策的な議員提案条例の立案に向けて、様々な試行錯誤が行われ始めた時期でした。

　それから16年を経過した今日、社会は大きく変わりました。特に、リーマンショックや東日本大震災を経て、その変化は顕著に表れているといえます。国・地方関係に関しては、大きな経済危機や災害では、地方政府が地域事情に応じたきめ細かい施策を迅速に講ずる必要に迫られ、地域政策の立案主体は地方政府に移ったといえます。中央政府は、地方の知恵なくして政策を立てることができず、財源を中心とする資源配分官庁としての性格がより鮮明になってきています。

　おそらく、今後、新型コロナウィルス感染症への対応を経て、国と地方の関係にも何らかの影響が生じていくと考えられます。事実、都道府県知事のプレゼンスが様々なところで大きくなってきています。

　これらの変化は、偶然の不幸な出来事の所産ではありますが、より分権的な社会への移行を促す契機となる可能性もあるともいえます。

　こうした中、今後、地方議会も少なからず変化を要求されてくるものと想定されます。議員提案条例についても、従来のように立案数を競うのではなく、住民に対して、首長とは全く違う視点からの政策の選択肢を提示できることが求められ、より質の高い政策立案主体としてのアップデートが必要となってきます。市民立法との共存の場面も多くなっていくかもしれません。

　その意味で、議員提案条例も常に新しい次元（ネクストステージ）を志向していくべきです。本書は、このような問題意識に基づき、16年の時を経て改訂することとしたものです。願わくは、志の高い、新しい時代の"Law maker"のみなさんの実務のお役に立てれば至高の喜びです。

なお、本書は、「議員NAVI　議員のためのウェブマガジン」（https://www.dh-giin.com/）に連載した「議員提案条例をつくろう・ネクストステージ」（2019.10〜2020.3）の記事を一部掲載しています。

　最後に、本書は、わたしが公務員生活から大学に移って最初の単行本になりますが、出版に際して、条例の取材にご協力いただいた議員の皆様や遅筆なわたしを叱咤激励してくれた、多くの同僚、関係者のみなさんと、大学への転職を許容してくれた家族に対して、心からの感謝の意を記して、改訂の辞とします。

　2020年10月

津軽石　昭彦

第1版はしがき（この本の問題意識）

　英語では、「議員」という意味を示す単語がいくつかあるようですが、その中に“Lawmaker”という単語があります。これは、文字どおり「法をつくる人＝立法者」を意味しています。

　地方議会には、実態として、次のような3つの役割があります。

　①　その自治体の団体意思を決定する議決機関としての役割

　②　首長の行政執行のチェック機関としての役割

　③　自ら政策を立案し条例化する立法機関としての役割

　しかし、我が国の地方議会をみると、これまで、議員提案による政策的条例の数は決して多いとはいえず、3つの役割のうち、「立法機関」としての意義、権能があまりにも長期にわたり忘れ去られてきた感は否めません。

　地方分権一括法により、機関委任事務制度が廃止される等、地方自治体の条例制定範囲が広がりましたが、まだ議員提案条例については、それが活発になされているとはいえない状況にあります。また、議員提案条例の制定例がある自治体においても、議員提案条例の立案方式、事務局の関与の仕方、執行機関や県民との意見調整の方式など、定着した方式がなく、これがまた議員提案条例をさらに「やりにくい」ものにしています。

　都道府県の場合、近年、改革派と呼ばれる知事たちがいろいろな場面で活躍し、地方自治の世界、さらには、我が国の政治・行政の仕組みも大きく変革しようとしています。その一方で、いくつかの地方議会では、改革への取組みが始まり、議員自らが住民の声をもとに、条例をつくることにより政策を具現化する「議員＝Lawmaker」としての本来の姿をめざした胎動がみられてきましたが、まだ大きなうねりにはなっていません。

　本書は、このような議会を通じた地方自治の改革の動きをさらに加速させ、“Lawmaker”（＝立法者）としての役割を担う地方議員が、日本の津々浦々で多く出現することを期待する立場に立って、政策法務と議会運営の両面から議員提案条例に関して考えようとするものです。

　議員提案条例の最大の特色、それは、官僚ではなく、政治家である議員が

立案する条例であるということです。議員提案条例をうまく成立させるためには、制定過程において政策法務的ノウハウと議会運営的ノウハウが渾然一体とした形で発揮されることが要求されます。

そのような観点から、本書では、主に政策的議員提案条例について方法論的な面を中心に、これから議員提案条例の制定を考えている地方議員や議会事務局職員の立場に立って、①議員提案条例のプロセス（第1部）、②議員提案の立案テクニック（第2部）、③都道府県を中心とする立法事例のベンチマーキング（第3部）の3部構成としています。第1部は議員提案条例の意義と円滑な議会運営に即した立案プロセスについて、第2部は政策法務からみた議員提案条例の技術的課題について、第3部は実際の立法事例に即した若干のケーススタディについて、岩手県における議員提案条例の立案制定過程を踏まえて、そこから得られた、他の自治体でも応用可能な一般化できるノウハウを紹介し、まだ、議員提案の例のない自治体における議員提案条例のノウハウの普及を図ることを主眼としています。

もとより、本格的な議員提案による政策条例は、まだまだ立法事例が少なく、まして、議会の世界は先例が支配する、慣習法の世界です。また、地方分権の荒波の中、各自治体の置かれた状況も千差万別です。

したがって、本書の立場が全ての自治体や議会に当てはまるものではないと承知しておりますが、慣習法の世界である議会においてこそ、ケーススタディを積み重ね、それぞれの自治体がナレッジ（＝知恵）を共有し、高めていくことが大切であると考えます。本書で述べていることが、わずかでも、自らの地域や住民のための政策立案に、日頃心を砕いている地方議員や自治体関係者の皆様の政策法務のナレッジを高めるための契機となり、また、今後、多くの地方議会が政策立案の世界で互いに切磋琢磨する時代が到来することを願って巻頭の言とさせていただきます。

2004年5月

津軽石　昭彦

CONTENTS

第3章

議員提案条例への議会事務局のサポートはどのようにするのか（議会事務局サポート編）

第5章

首長提案の条例議案の議員修正を どのようにするか（議員修正プロセス編）

第 7 章

議員提案条例をどのように 活用すべきか（条例活用編）

装丁　篠 隆二

なぜ、今、
議員提案条例か
（立案モチベーションアップ編）

【第1章のポイント】

(1) 議員提案条例は、住民の代表である議員が立案するものであるため、役人の縦割り的発想では難しい、生活者の視点に立った制度の立案が可能である。そこに議員提案条例の存在意義がある。

(2) 住民は、議会や議員に対して政策形成を求めている。

(3) 地方分権改革が始まり20年を経過し、議員提案条例のブームが去ったように見受けられるが、条例のノウハウが定着した今こそ、行政監視に活用するなど、新たなステージを迎えつつあると考えるべきである。

【議員提案条例は新たなステージへ】

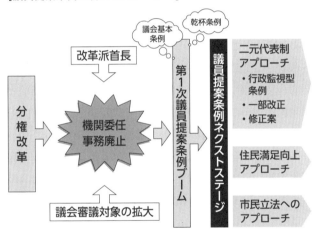

議員提案条例とは

議員提案条例ってなに？

　地方議会の議員は、地方自治法（以下「自治法」という）112条１項の規定にする「議員の議案提出権」に基づき、議案を議会に提出することができます。議案の提出に際しては、議員定数の12分の１以上の賛成が必要です（同法112条２項）。議員が提出できる議案としては、予算、執行機関の人事など首長の専権事項に属するもの以外の議案提出が可能ですが、通常は決議案、意見書決議案、条例議案などがほとんどです。提出された議案が条例案の場合で、これが成立したときには、首長提案の条例と区別して特に議員提案条例といいます。これが「議員提案条例」です。

　議員提案条例には、議会の委員会条例や議員の費用弁償に関する条例などのように、議会の組織や運営のために当然に必要なものと、議員が独自に自治体の政策の一環として提案し制定する条例があります。このうち、特に、後者について「政策的議員提案条例」、「議会の政策条例」、「議員提案の政策条例」などと呼ぶことがあります（以下、このような条例を「政策的議員提案条例」という）。この本では、特に断りのない限り、「議員提案条例」という用語は「政策的議員提案条例」を指すとお考えいただいて結構です。

② 議員提案条例は役所の縦割り主義では絶対できない

　まず、議員提案条例がどのような意義を持つのか、その存在意義を考えてみたいと思います。そもそも、日本にはどのくらいの法令があると思いますか。

国立国会図書館の法令検索によれば、2020年4月1日現在で、わが国には11,081件の法令（憲法、法律、政令、勅令、府令、省令及び規則）が存在しています。このほかに、全国の1,700余りの自治体で条例が制定されています。さらに自治体の規則や各種規程が、このほかにあります。

　つまり、私たちの周りには、相当な数の法令や条例が存在することになります。これは、私たちの国民生活のありとあらゆる場面が、アリのはい出るすき間もないほど法令で埋め尽くされているということを示しています。

　では、それほど法令が整備されているのに、新たに議員提案条例を制定する余地などあるのでしょうか。

　確かに、通常の国民生活の基本的な部分（ナショナル・ミニマム）は、既存の国や地方自治体の法令で十分カバーされています。しかし、国や地方自治体の多くの法令は、全国一律の基準や政策に基づいて、しかも所管の省庁ごとの縦割りでつくられており、必ずしも生活者の視点や地域の個性を尊重する観点からみると、実情にそぐわないものも少なくありません。

　ここに、既存の法令のすき間が生じる余地が出てきます。例えば、古くは昭和40年代には公害被害の激しい地域では、国の環境基準だけでは、地域住民の健康な生活を守ることが難しいとの考えから、地域の実情にあった基準に基づく独自規制が始まりました。また、2000年の地方分権一括法の施行により、機関委任事務制度が廃止されて以降、全国各地で、地域特有の政策課題に対応した自主条例が数多く制定されています。

　しかし、首長提案の条例は、多くは都道府県庁や市役所、町村役場の役人の手により立案されるため、どうしても現場の感覚をダイレクトに感じ取ることや、役所の縦割りの壁を越えることには、自ずから限界があります。

　その点、議員は、日頃は民間人として生活しているわけですから、現場の地域住民の声に耳を傾けるには、役所よりも都合がよい立場にいます。もちろん、これは個々の議員の考え方にもよりますが、全ての地域住民を「顧客」と考え、その満足度を向上することが議員の使命と考える、顧客満足度（CS）指向の高い議員であれば、生活者としての地域住民と同じ目線に立った政策課題を発見することができるはずです。

　この「地域住民と同じ目線に立った政策課題」の発見こそ、議員提案条例

の源泉であり、縦割り組織ではなし得ない、議員の「腕のみせどころ」です。

　例えば、千葉県や宮城県ではいわゆる「暴走族規制条例」を議員提案で制定していますが、通常の県庁や警察の考え方では、「オートバイの暴走行為は、既存の道路交通法などの既存の法令で十分に規制が可能であり、条例制定の必要性が乏しい」との回答が返ってくることでしょう。しかし、おそらく、これらの県では、暴走族の被害について、どうしても条例制定をしなければならないほどの住民ニーズが生じており、条例制定の根拠となる立法事実（条例制定の根拠となった事件や事実）として十分なものがあったからこそ、議員提案が制定されたと考えられます。事実、宮城県では、条例制定がされた当時、暴走族の人口に対する割合が全国一であり、憂慮される事態となっていたといわれています。

　このように、議員提案条例は、首長提案では迅速に対応できない地域課題に対しても、地域住民の感覚にあった制度をいち早く制定することができるメリットもあります。

③ 住民が議会に求めているものはチェック機能よりも政策形成だ

　住民は議会や議員に対して、どのようなニーズを持っているのでしょうか。2003年1月に岩手県立大学総合政策学部の齋藤俊明教授が、岩手県内の有権者1,130人に対して行った「議会及び議員に関するアンケート調査」によれば、「地方議会に期待する役割は何か」という質問に対して、県議会については「政策の形成・審議」という回答が最も多く（31%）「県政へのチェック・牽制」は9%、市町村議会については「住民の代表機能」が最も多く（41%）、次いで「政策の形成・審議」（16%）、「市町村政へのチェック・牽制」は10%でした。

　住民からみて、議会に期待する役割は、行政のチェックという受動的機能よりも、政策を形成し、議会で議論する積極的機能を期待しているのです。

　議員が自ら政策を形成し、実施するには、議会での質問などを通じて政策

提言することも重要ですが、端的に議員提案条例を議会で成立させ、首長に実施させることが早い場合もあり、住民にとっても公開の議会審議プロセスの中で政策が条例としてつくられていくことのほうがわかりやすいといえます。

【図】「住民が地方議会や議員に対して期待する役割」

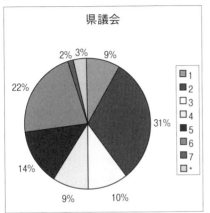

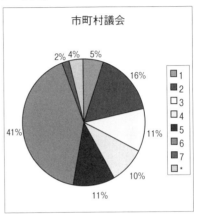

凡例　1　条例の立案
　　　2　政策の形成・審議
　　　3　議会の予算の審議・決算の審査
　　　4　県政、市町村政へのチェック・牽制
　　　5　県政、市町村政への監視・監査
　　　6　住民の代表機能
　　　7　その他
　　　＊　回答なし
出典：齋藤俊明「議会及び議員に関する調査報告書」（岩手県立大学、2003年3月）より
　　　一部改変

 議員提案条例にはどのようなものがあるか

　政策的議員提案条例を規定内容の面から分類すると、次のような類型に分けられます[i]。

ア　議会内部のルールを定めた条例

　議会内部のルールを定めた条例としては、委員会条例、議員定数条例、議

員報酬条例、議会の情報公開条例などが典型例です。分権時代の議会としての議会の組織や手続き、議員の活動に関するものなど、条例の目的や直接的効果の及ぶ範囲が議会や議員の活動に限定されるものが中心であり、議会が、自治体において首長から独立した機関として自律的に定めるべき内容のものです。

イ　首長と議会との関係のルールを定める条例

　首長と議会との関係のルールを定める条例は、従来は首長の裁量で実施されていた政策に関して、議会が一定の関与をすることにより、議会のチェック機能や、政策決定の透明性を高めようとするものです。たとえば、自治体の総合計画等を議決事項とする条例（三重県、宮城県、岩手県等）、附属機関の委員等の男女構成や公募等を求める条例（宮城県）、出資法人への出資や業務委託などのあり方を定める条例（三重県、宮城県など）、財政健全化に関して首長に目標設定を含む計画策定を義務付け、その進捗管理などを行う条例（横浜市）などが該当します。

　直接的に住民サービスに結びつくものではありませんが、議会と首長との適度な緊張関係を形成し、議員の政策立案やチェックを側面から支援する役割があり、結果として住民からみて透明性の高い自治体運営を促進するものといえます。また、このような立法は、国会では余りみられず、二元代表制に起因する地方議会に特徴的なものです。

ウ　住民と自治体との関係のルールを定める条例

　自治基本条例や議会基本条例などのように、住民と自治体、住民と自治体の機関としての議会との関係を定めたものです。これらのうち、自治基本条例は、自治体の最高規範として、自治体運営の基本方針、行政への住民参画のルールなどが定められた条例で、首長提案で行われている場合が一般的ですが、議員提案での制定例（飯田市など）もみられます。

　議会基本条例は、2019年4月1日現在、888自治体で制定され、制定割合は自治体全体の49.7％（自治体議会改革フォーラムHPより）となっています。内訳をみると、道府県68.1％、政令市80.0％、市66％と、町村以外では

半数以上の自治体議会で制定が進んでいます。内容としては、議会自身の基本理念、議会改革を進めるための基本的事項などを定めたものが多くみられますが、議会報告会、NPO等との意見交換、議員間討論、議会としての政策提言などの制度を盛り込んだものもみられます。

　また、最近は、自治基本条例との関連性をもって論じられることもあり、自治体の機関としての議会と住民との関係や、議会と執行機関の関係について定めている側面もあります。自治基本条例も議会基本条例も、議員提案として制定される場合、議会改革の議論から検討が始まり、分権時代の自治体のあり方に関する議論の成果として制定されている事例が多く、住民自治の考え方に起因するものとみることもできます。

エ　特定の行政分野に関する条例

　特定の行政分野に関する条例は、条例の内容が住民生活に直接関係のある種々の行政分野に関する条例であり、さらに政策理念的内容を中心とするものと、奨励的啓発的な内容を含むもの、規制的内容を含むものに分類されます。

(ア)　特定の行政分野に関する条例のうち政策理念的な内容を中心とするもの

　政策理念的な内容を中心とする条例は、分権改革以降、首長提案でも、各行政分野の自治体の政策理念を明示するものとして制定例が増えてきています。議員提案でも、産業振興、健康づくりなど、多くの分野でみられます。条例の規定内容としては、当該行政分野に関する基本理念、住民・事業者・首長等の役割を規定し、それを達成するための行政計画の策定や基本的な施策の方針が規定されたものなどが多くみられます。立法例としては、観光振興条例（大分県、群馬県など）、中小企業振興条例（宮城県、島根県、青森市、相模原市など）、がん対策推進条例（茨城県、横浜市、神戸市など）等がみられます。

　議員提案条例として制定する場合、特定の行政課題について、議員の目から首長の施策では十分でないと考えるときなどには、首長に対して一定の施策の実施を迫る効果があります。また、首長提案の場合、行政組織の縦割り

から、調整に困難が伴うことがありますが、議員提案では、生活者の視点から、行政組織の壁を超えて条例制定することが比較的迅速に行えるというメリットも認められます。

（イ）特定の行政分野に関する条例のうち奨励的、啓発的な内容を含むもの

近年の傾向として、特定分野の政策理念を示すだけではなく、地元産業の振興や住民に対する意識啓発などの目的で、首長や事業者、住民に対して、一定の取組を奨励又は普及することを求める内容を含む条例がみられます。

たとえば、市民に対してマナーの向上を促すため、ゴミの投棄、自転車の放置、歩行喫煙などのマナー違反行為の防止の啓発、地区指定、表彰等の制度を条例化した事例（大東市）、歯科口腔の健康づくりのため、首長、事業者、住民のほか、歯科医師等の保健従事者に対して、歯科口腔保健に意識啓発の取組、「いい歯の日」等の記念日の設定などを条例化した事例などがみられます。

これらは、行政指導や罰則などの規制的内容を含まず、住民、事業者等の自主的な取組を促すための具体の活動を首長に対して求めている点で、純粋の政策理念条例とは異なります。政治的な背景が薄く、議員間、会派間の合意が得られやすく、立法例が増加していますが、法規範である条例として、どこまでを条例化すべきかは検討が必要です。

（ウ）特定の行政分野に関する条例のうち規制的な内容を含むもの

規制的内容を含む条例としては、議員提案条例では、たとえば、暴走族規制条例、空き缶ポイ捨て規制条例、ピンクちらし規制条例など、生活環境保全、防犯などの分野で、住民に対して、一定の行為規制や権利義務の規制を伴う規定を含む条例の事例が挙げられます。立法例としては、「空き家対策条例」、「子どもへの虐待防止条例」（岡山県、横浜市、名古屋市など）、「薬物乱用防止条例」（宮城県、茨城県、埼玉県など）など、社会的な背景をもったものがみられます。

これらの条例は、罰則規定を伴うこともあり、人権保護の観点から適正手続に沿った規定整備や、制度の実効性が担保される運用の仕組みづくりなど、法技術的に相当程度高いものが求められます[ii]。

なお、特に刑事罰を伴う規定を設ける場合、刑事裁判手続を伴うことか

ら、議員提案条例であっても、罰則適用を実効性あるものとするため、罰則を運用する警察や検察と、構成要件の明確性や量刑の妥当性などについて予め協議しておく必要があります。

【図】議員提案条例の分類

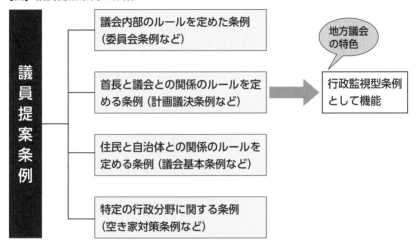

2 議員提案条例の新たなステージをめざそう

分権改革から20年

　我が国の明治以降の政治・行政の中で、明治維新、戦後改革に次ぐ「第三の改革」といわれた地方分権改革（以下「分権改革」という）による具体的な制度改正として475本の法改正等が行われた、いわゆる地方分権一括法[iii]が施行されてから20年が経過しました。分権改革に関しては、今なお、様々な改革が進められているところですが、中央政府（国）と地方政府（自治体）の制度的な位置関係を大きく変えたのが、第1次分権改革で行われた「機関委任事務の廃止」です。

　そもそも、我が国の地方制度は、明治維新以来、中央集権的なシステムが長く続き、その基本構造は戦後も機関委任事務として残りました。機関委任事務が存在していた時代には、機関委任事務に関し、自治体の首長は、国の各大臣の下部機関として位置付けられ、国の統治機構の一部に組み入れられていました。機関委任事務は、都道府県で自治体事務全体の7〜8割にも達していたとされます。

　機関委任事務に関する議会の関与も限定的であり、機関委任事務は、国の下部機関である首長の事務であり、自治体固有の事務ではないと解されていたことから、条例を制定することもできず、また、自治法100条に基づく、いわゆる100条調査権の対象外とされるなど、議会の権限が及ばないものもありました。

分権改革で地方議会はどう変わったか

　分権改革で我が国の地方議会、とりわけ議会の政策形成はどのように変わったでしょうか。

　分権改革により、自治体の事務は、自治体固有の事務である「自治事務」と、本来国の事務であるが法律により自治体が処理することとされた事務である「法定受託事務」の二つに整理されました。このうち、法定受託事務は、一見、機関委任事務と大差ないようにみえますが、機関委任事務が国の事務であり、最終的な責任は国に帰するのに対して、法定受託事務は、法律上も自治体の事務であり、自治体の解釈と責任において実施することとなり、法的な意味合いが全く異なります。

　従前の機関委任事務では、国は下部機関である自治体の首長に対して、通達文書でのコントロールも可能でしたが、法定受託事務になると、法律に基づき自治体が自らの判断で解釈運用し、必要に応じて条例を新たに制定することも可能となります。

　つまり、自治体の自己責任の範囲が広がったということができるわけです。機関委任事務の割合は、都道府県の事務全体の7〜8割、市町村の3〜4割ともいわれており、自治体の責任の拡大が広範なものであることがわかります。それは同時に、自治体固有の事務である自治事務と合わせ、自治体のすべての事務について条例制定が可能となったということでもあります。

　当然、議会においても、審議対象が拡大したほか、議員提案条例の条例制定権の範囲も大幅に広がったということになります。

　実際、分権改革が始まった2000年頃を境に、議員提案条例の制定数は、都道府県、市ともに約2倍に増えており、一気に増加したことがわかります。すなわち、分権改革を契機として議員提案条例がブームを迎えたといえます（次頁の【図】参照）。

【図】議員提案条例数の推移

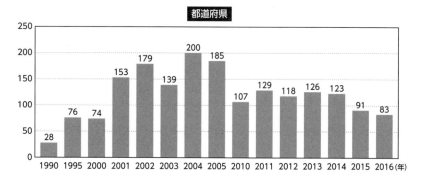

都道府県

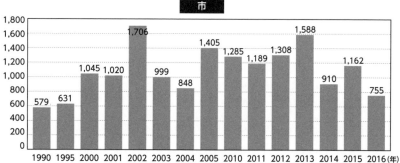

市

(注) 1 数値は、提案者が「議員」であるものを示す。
    2 「年」の期間は暦年（毎年1月1日から12月31日まで）を示す。
出典：上記のうち、1990年〜2000年までは礒崎初仁「議員提案条例の状況（自治体議会の
    政策法務：第2回）」ガバナンス2004年9月号126頁の表の一部を掲載、2005年以降
    は、全国都道府県議会議長会、全国市議会議長会、全国町村議会議長会の各団体が
    それぞれ調査した議会活動実態調査資料により集計。

　この要因として、分権改革による直接、間接の影響が考えられます。ま
ず、直接的影響としては、①前述のとおり自治体の条例制定権が及ぶ範囲が
広がったこと、②いわゆる「改革派首長」の出現により議会と執行部との緊
張関係が生まれ、一種の政策立案競争が生じ、議員の政策形成に対する意識
が高まったこと、③自治体議会の横並び意識から近隣の議会間で議員提案条
例の内容やノウハウが伝播していったことなどが考えられます。
　また、分権改革の間接的影響としては、ほぼ同時期に進められた市町村合
併による基礎自治体の広域化による影響が考えられます。すなわち、自治体

が広域化することにより、住民が市町村議員の選挙の際に、従来の地縁血縁的な観点よりも、議員の政策立案や行政監視の役割などに着目するように変化し、このことが議員の政策志向を加速化することにつながったものとも考えられます。

 ## 3 議員提案条例のブームは去ったか

　分権改革から10年を経過した2010年頃から、議員提案条例の伸びは落ち着いてきている傾向にあり、都道府県で年間100件前後、市では多少の変動はあるものの1,000件前後で推移しています。この傾向をどのようにみればいいのでしょうか。

　確かに、分権改革から10年を経過し、様々な制度改正が一応定着して「分権改革は落ち着いた感」が社会に広がったことは否めません。「未完の分権改革」とはいわれていますが、分権改革の草創期の、一種の熱気を帯びた議論に接した議員も改選され、改革を先導してきた三重、宮城、岩手、高知、鳥取などの各県知事をはじめとする改革派首長たちが交替したことなどもあり、社会全体の分権改革への関心が薄れてきたこともあります。

　また、分権改革後10年を経過したこの時期は、いわゆるリーマンショックへの対応や未曾有の被害をもたらした東日本大震災の発生などがあり、社会全体のムードとして地方分権を深く議論するような状況ではなかったという事情もあります。

　しかし、分権改革後の10年間で、議員提案条例の経験は、およそ全国津々浦々の自治体議会に伝播し、条例立案の前提となる法規範への理解や立法事実の把握、立案ノウハウなどは各議会に蓄積され、今では「議員提案条例はやればできる」という感覚を持っている議会が多いのではないでしょうか。

 ## 4 乾杯条例の衝撃

　議員提案条例のノウハウ等の伝播ということに着目すると、いわゆる「乾杯条例」は、明確な立法事実の有無、条例事項としての妥当性などの点で課

題も指摘されてはいますが、議員提案条例の「お試し」として影響は大きかったと考えることができます。

「乾杯条例」は、全国的な「日本酒離れ」が進む中で、地元産品の代表である地酒の振興を図るため、京都市議会において議員提案で制定された「京都市清酒の普及の促進に関する条例」が2013年1月15日に施行されたのが最初とされます[iv]。この条例自体は、「目的」、「市の役割」、「事業者の役割」、「市民の協力」の4条からなるものであり、それぞれの主体に清酒の普及に関する取組みの努力義務と協力を求めるというシンプルなものでした。

その後、この「乾杯条例」は様々なバリエーションの変化形を生んでいきました。すなわち、適用対象については、地元産の日本酒のほかにワインや牛乳、お茶などの食品等を包含するものなど対象範囲も広がり、規定内容については、自治体が関わる懇親会等の際の地酒等での乾杯の努力義務を規定するものなど、その地域の実情に合った内容を含みながら、全国各地に伝播していきました。その結果、2017年7月末現在140自治体で制定されているとされます[v]。京都市議会で初めて制定されてから5年程度で、全国の自治体の1割弱の自治体で制定されたことになります。条例の提案主体をみると、このうち約8割が議員提案又は委員会提案で議会側からの提案ということです[vi]。

このように、「乾杯条例」には種々の課題はあるものの、全国に伝播したのは事実であり、その背景には次のような要因が作用したものと考えます。

ア　食品を中心とした地域産業の振興について共通の関心が高いこと

醸造業などの食品を中心にした地域産業の振興は、どの地域でも共通の課題になっていることが多く、政治的な立場を超えて、議員の問題意識も高くなっています。また、特定分野の産業振興を目的とした条例化は、執行部では庁内外の調整が難しく、なかなか立案が困難な面がありますが、議員提案の場合は、調整がつきやすかったと思われます。

イ　内容がシンプルで住民にわかりやすく、地域の状況に応じてカスタマイズしやすいこと

　「乾杯条例」は、内容的に、一般人にわかりやすく、規定もシンプルであり、地域実情に応じたカスタマイズが容易です。このため、単純な模倣ばかりではなく、変化形も数多く制定されるなど、議員にとっては、政策的な工夫として地域住民に一定の独自性もアピールできる点で、議員提案として受け入れられたとも考えられます。

ウ　権利義務規定がなく、運用も単純で立法技術的に簡単なこと

　「乾杯条例」は、条例の類型としては、奨励的・理念的なものであり、住民の権利義務に直接関わる規制的な規定を含むものではありません。通常の規制条例や罰則を伴う条例のように、関係部局の現場との調整や検察庁・警察等との協議は不要です。

　また、運用に当たり、難しい法的な手続や法解釈を伴うものでもなく、運用コストもほとんど不要であるという特徴があります。

　「乾杯」行為の実効性担保も求められていないことから、命令等の必要もなく、立法技術的にも難しい点が少ないことも要因といえます。

　以上のような要因を背景に、「乾杯条例」が全国に伝播したものと考えられます。他自治体例のベンチマーキング＋カスタマイズという点で、「乾杯条例」は、同様に全国的に制定例が多い「議会基本条例」とともに、議員提案条例の横展開に大きく貢献したものと考えられます。

⑤　議員提案条例で地方自治の新たなステージへ

　議員提案条例は、分権改革から20年近くを経て、特に政策的な議員提案条例は我が国の地方議会において一定程度の定着をみたといえます。

　しかし、我が国の地方議員の意識の中に、自らを「ローメイカー（Lawmaker）」と考え、行動している議員がどれだけいるでしょうか。筆者のみたところでは、残念ながら、多くの地方議員の感覚からすると、そのような

意識で仕事をしている議員はそれほど多くはないと感じています。依然として、地域代表として行政との橋渡しをするのがメインで、政策や議員提案条例の立案はサイドメニュー的な位置付けにとどまり、ある意味パフォーマンス的なものと考えているのが大方ではないでしょうか。せっかく全国に広がった議員提案条例がサイドメニュー的、パフォーマンス的とされるのは、我が国の民主主義、地方自治を考える上で残念なことです。新たなステージで、さらに活用・進化させていくことが必要と考えます。

　そこで、議員提案条例について、住民満足向上、議会活性化の点から次のような提言をしたいと思います。

ア　二元代表制のメリットを生かせ！

　まず、二元代表制の原理に立ち返って役割を考えることが大切です。すなわち、

（ア）行政監視型条例を立案、活用しよう！[vii]

　総合計画等を議決事項としたり、地方自治法に上乗せして一定の出資割合以上の関係団体の経営状況を議会への報告事項とするなどの制度を含む条例を、ここでは「首長と議会の関係のルールを定める条例」の中でも「行政監視型条例」と呼ぶこととします。

　このような行政監視型条例は、二元代表制の地方議会に特徴的なものです。行政監視型条例を活用することにより、議会のチェック機能を高めることになり、新たな議会改革、議会活性化ひいては住民満足の向上に資するものと考えます。

（イ）執行部への対案・修正案を提出しよう！

　自治体の多くの条例は首長提案ですが、議員として、単に賛否を表明するだけではなく、「カイゼン」の発想で、首長提案の条例案に対して、対案や修正案を検討することを積極的に取り組んではどうでしょうか。特に、地域の課題解決のための政策条例の場合、住民の目線で対案や修正案を議員が提案することは、政策形成、政策法務のスキルを高める観点からも大切です。

（ウ）既存条例の一部改正にトライしよう！

　自治体議会では、当初提案が首長提案の場合、議員提案で一部改正するこ

とに躊躇する傾向がみられますが、必ずしもその必要はないと考えます。国会の場合は、内閣により提案された法律であっても、その後、議員提案による改廃を行う例はあると聞きます。また、古い時代の条例の中には、現代の社会に合わないものもあり、議員が既存条例を見直し、改正することは適正な行政推進のために必要なこと考えます。

イ　住民満足のために政策サイクルを回せ！

大きな行政組織を従える首長に比べ、議員は、小回りが利き、地域住民に近い立場にあります。住民の声をベースに新たな政策条例を検討する取組みを今後も地道に進めていくことが重要です。住民ニーズに基づく条例立案はこれまでも行われていましたが、議会報告会などの議会の広聴機能の充実などと併せて取組みを進めることにより、新たな展開が期待できます。

ウ　市民立法への橋渡しを果たそう！

議員は一般市民と行政の中間的な存在です。市民には様々な政策ニーズがありますが、それを制度化、事業化する仕組みが十分に備わっていません。特に条例化による課題解決のためには、政策法務の専門的な知識と経験が必要です。

今後の新しい地方自治を考えると、様々な市民が地域に関する条例の立案に関与し、さらには自ら市民立法として条例立案そのものに取り組むのは望ましい姿と考えます。

そのような時代に向けて、行政と市民との中間に位置する議員が、市民の側に立ち、議員提案条例のスキルを提供することができれば、新しい自治の形への進化を加速化することにつながると考えます。

---

i　津軽石昭彦「ゼミナール議員提案条例をつくろう！（第1回）」議員NAVI Vol.10（2008年）38〜44頁参照。
ii　広島市暴走族追放条例事件について、最高裁は、条例を限定的に合憲なものと解釈しつつも、条例の暴走族の定義や禁止行為の対象が「規定の仕方が適切でなく、本条例が

その文言どおりに適用されることになると、規制の対象が広範囲に及び、……問題があ
る」と述べ、罰則を適用根拠となる構成要件を示す条例の文言が広範に解される可能性
のあることを問題している（H19.9.18最高裁第三小法廷判決）。

iii 法律の正式名は「地方分権の推進を図るための関係法律の整備等に関する法律」であ
る。

iv 京都市ホームページ（https://www.city.kyoto.lg.jp/sankan/page/0000150907.html）
参照。

v 岩﨑忠「地方分権時代における条例立案のあり方について〜「乾杯条例」を例にした
立法事実の重要性〜」地域政策研究（高崎経済大学地域政策学会）20巻3号（2018年）
21〜30頁参照。

vi 岩﨑・前掲注（5）参照。

vii 本書第7章 **3**「行政監視型条例とは－地方議会特有の立法」参照。

第2章

議員提案条例は
どのようにして制定するか
（新規条例立案プロセス編）

【第2章のポイント】

(1)　議員はニッチ産業と類似したところがあり、首長部局と同じ発想で条例の種（シーズ）をみつけようとしてはいけない。常に住民や地域の現場から条例を構想することが重要である。

(2)　条例案の内容と、議会審議の手続を並行して検討することが大切である。

(3)　条例案の内容により、関係機関や団体との調整を進め、様々な方法で住民の意見を求めることが条例への理解を深めることにつながる。

(4)　条例が成立後も、責任をもって担当部局に引継ぎ、施行状況を監視することが求められる。

【議員提案条例の立案制定プロセス】

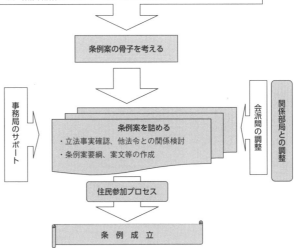

条例の種（シーズ）
(1)　地域との接点の多元化して住民、地域が困っていることからみつける
(2)　役所の担当を跨る横串発想からみつける
(3)　マニフェストからみつける
(4)　議会のチェック機能強化・住民参加の促進の側面からみつける
(5)　類似自治体のベンチマーキングからみつける

条例案の骨子を考える

事務局のサポート

条例案を詰める
・立法事実確認、他法令との関係検討
・条例案要綱、案文等の作成

会派間の調整

関係部局との調整

住民参加プロセス

条 例 成 立

議員はニッチ産業型で政策形成を

　第1章では、議員提案条例の新しい可能性について述べました。しかし、現実を考えると、首長は、多くの職員を部下として抱え、予算の編成・執行、法律上の行政処分等の権限を有し、地域経営の多くの部分を担っており、政策形成に必要な「モノ」、「カネ」、「ヒト」、「ジョウホウ」において、議員との比較では圧倒的に優位な立場にあります。

　そのような状況の中で、二元代表制のメリットを住民に享受してもらうためには、議員が首長とは違った観点の政策の選択肢を住民に対して提示することが重要です。そのためには、首長部局と同じ発想で政策形成をするのではなく、あくまでもニッチ産業の発想でいくことが肝要です。

　ニッチとは、本来は「すきま」を指し、広辞苑では、産業用語として「市場や産業で他社が進出していない分野」を意味するとされています。ニッチ産業とは、「大企業が対応できない限られた領域において、独自の高度な技術・知識や常識にとらわれない柔軟さを持ち、高収益を上げる産業分野」ということができます。

　つまり、ここで大企業を首長部局に、ニッチ産業分野の中小企業を議員に例えると、「議員は、極めて限定的な領域ではありますが、首長部局ではなかなか発想できないような分野や中身の政策を住民に提示することにより、さらなる住民満足の向上につながる」ということです。企業の世界でも、今は大企業となっている会社も、もとは小さな会社で、柔軟な発想によりそれまでは世の中になかったヒット製品を生み出し、成長を遂げた企業が多くあります。つまり、どんな企業もニッチから始まったということです。

　地方議会でも、一人ひとりの議員がニッチの分野で、優れた政策を形成しながら、議会全体が「ワン・チーム」になれば、広範な分野の政策を住民に

提示することができます。各議員が政治的な主張とは別に、それぞれ専門的な分野を持ちながら互いに切磋琢磨する「チーム議会」として活動することができれば、大きなチカラになるに違いないと考えます。

2 ニッチ産業型で議員提案条例の条例の種（シーズ）をつかもう！

　ニッチ産業型の議員提案条例の条例の種（シーズ）のつかみ方について紹介します。

　議員は地域住民の代表であり、その点では「地域のジェネラリスト」であることはいうまでもありませんが、「チーム議会」の一員としてニッチの専門分野を分担して受け持つことにより、「特定分野のスペシャリスト」でもあるべきです。

　そのような特定分野のスペシャリストが企画立案する議員提案条例を、ここでは「ニッチ型議員提案条例」と呼ぶこととします。

　「ニッチ型」というからには、狭い分野でも住民にとっては、重要な満足度要因に関わる条例をつくるということになりますが、そのような満足度の高いニッチ型議員提案条例は、どのようにすれば企画立案できるのでしょうか。

　一般的に、議員提案条例の立案プロセスは、まず、議員が、地域の諸問題の中から、条例の制定により解決すべき課題を発見し、絞り込むことから始まります。これは「政策法務としてのプロセス」の出発点であり、議員提案条例に限ったことではありません。

　このような、条例の種（シーズ）になるような事実を発見するためには、次のようなきっかけから条例の種（シーズ）をみつけていきます。

1 地域との接点を多元化して住民、地域が困っていることからみつける

　地方議員の皆さんに「地域の要望を十分に把握していますか」という質問

をすると、多くの方は自信を持って「はい」と回答をする方が圧倒的でしょう。しかし、その中身、すなわち「地域」という対象者は、どのような人々を指しているのでしょうか。多くの場合、「地域」の中でも「支持者」という特定の層の地域住民を指しているのではないでしょうか。もちろん、選挙で選ばれる議員からすれば支持者は大切な存在であり、支持者に即した政策を考えることは大切です。

しかし、議員は当該自治体の地域全体の代表でもあります。地域の中には、支持者以外の住民も多くいるわけであり、支持者以外の住民のニーズを把握することも重要です。

住民や地域が抱いている生のニーズの中で、制度的な解決が有効なものから条例を組み立てていくのが、この方法です。このタイプに属する議員提案条例の事例としては、「空き缶ポイ捨て禁止条例」（北海道）や「犬猫の飼育管理の適正化条例」（鳥取県）、「暴走族規制条例」（宮城県、千葉県）などが該当します。

条例になるためには、根拠となる明確な事実が必要ですから、実情把握を相当慎重に行うことが求められます。住民、地域の生のニーズから条例を組み立てる場合に特に注意すべきことは、その条例が、その都道府県や市町村の全域に一般的な効力を有する条例として適当なものであるか、広い見地からの判断が必要であることです。つまり「全体最適」の考え方です。議員が把握している住民の生のニーズは、地域や業界特有の課題がどうしても多くなりますが、このような特定課題は、条例による解決にはなじみません。条例化になじむのは、ある程度広範な地域や業界の課題であることが求められます。

では具体的に、どのようにすれば地域の生のニーズを把握することができるのでしょうか。端的にはマーケティングと同様ですが、例えば次のような方法が考えられます。

ア 議会報告会の活用

近年は、多くの議会で議会基本条例が制定され、その中に議会と住民との意見交換の場の設定が規定されているものもあります。議会報告は、その

ような住民との意見交換の場の一つです。議会報告会は、会派や選挙区とは関係なく、自由に住民が参加し、議員にとっては住民が直面する課題を把握する機会にもなっています。そのような住民のナマの声から議員提案条例の種（シーズ）となる課題が提起されることもあります。

イ　SNSの活用

　現代のようなネット社会では、住民も議員もSNS（ソーシャル・ネットワーク・サービス）を活用する例が多くみられます。SNS上では、24時間様々な意見交換が可能であり、うまく活用することにより、アップデートされた地域社会の状況を把握することが可能です。しかし、SNSの活用に当たっては、デマ情報やヘイトスピーチなども多く流れている状況もみられることから、情報の選択と確認が必要になります。

ウ　地域住民、団体へのフォーカス・インタビュー

　首長部局では以前から行われている自治体が多いのですが、地域の特定の属性の住民や団体との意見交換なども地域ニーズを把握する機会として活用することができます。通常は、地域団体というと、商工会議所や農協等の産業団体や町内会などが想定されますが、このほかに、意識の高い地域のNPOや有識者、学生たちとの意見交換を加えてみるのも有効な方法の一つとなりえます。

② 役所の担当をまたがる横串発想からみつける

　一般的に自治体組織は縦割りに陥りやすい傾向にあります。そのため、複数部局にまたがる課題への対応や政策の立案は、通常の行政組織では消極的になりがちです。それは、部局間での調整や外部のステークホルダーが増えることにより手間や時間がかかることが要因の一つです。また、国の縦割りで政策や補助金等が流れる中で、これと異なる政策や事業への財源確保が難しいこともあります。

　しかし、実際の地域や生活者である住民の抱える課題には、役所の部や課

をまたがる問題も数多く存在します。例えば、筆者が実際に立案の支援をした議員提案条例では「プレジャーボート条例」があります。プレジャーボートとは、漁業者ではない人が、休日などのレジャー用に所有している小型の釣り船やジェットスキーなどですが、違法係留や衝突事故、漁業者の漁具の破損など、海上でのマナーの悪さが問題となっていました。漁業団体等から規制の要望がしばしば出されていたのですが、海上保安部や警察との調整が必要であること、海岸や河川の関係課が様々な部局にまたがっていたことなどから、なかなか条例化が首長部局では進みませんでした。そこで、議員提案により、関係する議員が何度も協議の上、条例が成立したのです。

　このように複数の組織にまたがる課題に対して、生活者の視点で条例化していくことも、議員提案条例ならではの方法です。

 ## 3 マニフェストからみつける

　これは、選挙の際に政党や会派が掲げるマニフェスト（政策綱領）の中に示されている政策のうち、条例化が可能なものについて議員提案条例にしようとするものです。

　マニフェストは、2003年の統一地方選挙から顕著にみられ始めたもので、従来の選挙公約に比較すると、①政策の数値目標、②具体的な財源措置、③政策の実施・実現時期の３つが明示されている点で異なります。

　今や国政、地方政治を問わず、各政党、会派等がマニフェストを公表して選挙を行うことは一般的になっています。マニフェストの中には、条例制定や制度的な改善にふれている場合もあります。これらを実行するための取組みも議員提案条例の種（シーズ）となります。条例制定等をマニフェストとして住民に約束するわけですから、マニフェストを作成する段階で十分な制度的検討が必要であるのは当然ということになります。

議会のチェック機能強化・住民参加の促進の側面から みつける

　議会のチェック機能や住民参加の場面から条例の種（シーズ）をみつけようとするものです。全国の地方議会では、議会改革の観点から議会が「チーム議会」として、住民とともに自治体行政のチェックを適切に進める上で必要との考え方に立っているところが増えてきています。

　このような考え方から制定される条例が行政監視型議員提案条例です。行政監視型議員提案条例には、総合計画等を議会の議決事項とするもの、自治体の出資法人に関するものなどが該当します。

　議会のチェック機能強化の側面からの条例立案に際して、注意すべきことがあります。それは、住民からみて「条例制定の必要性が、立案の背景、目的や方法などから明確であること」です。つまり、単に、首長の動きを牽制しようとか、議会の権威を高めるというような動機のもとに条例案を立案し、住民の目に、首長と議会との権力闘争として映るようでは問題です。あくまでも、住民から支持されるような内容の条例であることが必要です。

類似自治体のベンチマーキングからみつける

　これは、首長部局でもしばしば行われる手法ですが、同様な地域課題を抱える自治体をベンチマーキングして、優れた点を自らの自治体の条例として立案するやり方です[i]。第1章で「乾杯条例」の事例に触れましたが、乾杯条例が全国の地方議会に伝播したのもその例です。しかし、この手法は「模倣」に陥りやすい一面があります。他の自治体の事例をやみくもに当てはめるのではなく、本当に自らの自治体で同様なニーズが存在するかをよく検討してから立案作業に入ることが大切です。

3 条例の種（シーズ）から立法事実を絞り込む

■2のようなきっかけで発見された条例の種（シーズ）になるような事実は、「立法構想事実」[ii]といわれることもあります。「立法構想事実」は各種の検討を経て絞り込まれ、実際の条例制定の根拠となる「立法事実」に収れんされていきます（下の【図】参照）。立法構想事実の絞り込みに当たっては、なぜ条例を制定しなければならないのか（必要性）、条例以外の方法では解決できないのか（非代替性）、制度の内容が国や自治体の法制度に合致し住民から合理性あるものとして理解されるか（妥当性）、制度として実際に運用可能で効果があるものなのか（実効性）、継続的に取り組む必要があ

【図】立法構想事実と立法事実の関係

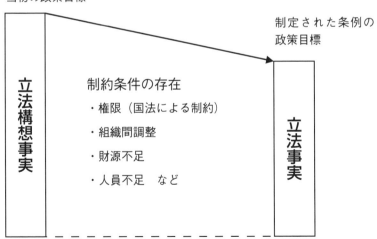

出典：山口道昭「自治立法を支える立法事実」兼子仁・北村喜宣・出石稔共編『政策法務事典』（ぎょうせい、2008年）60頁

るか（制度の継続性）、一部の限られたグループや地域の住民だけでなく自治体の住民全体の公平な利益に資するものか（制度としての公平性）などの様々な観点から検討を重ねることにより論点を明確化していくことが重要です。

　たとえば、各地で問題になっている廃棄物の山林への不法投棄対策を例に立法構想事実の絞り込みの過程を考えてみると、下の【図】のようになります。山林への不法投棄の原因を考えると、①監視体制が不十分ではないか、②他地域から流入する廃棄物をチェックする仕組みが不十分ではないか、③悪質な業者が多いせいではないかなど幾つかの原因となる事項が仮説として考えられます。これらの原因となる仮説を検証しながら、条例の内容となる制度のイメージを絞り込んでいきます。上記の①の「監視体制の問題」の場合は、監視要員の増員、それだけでは足りない場合の住民からの情報提供に対して報償金を支払う「報奨金制度の創設」、不審な施設等への立入を強化する「立入検査の対象範囲の拡大」等の制度イメージが対策として思いつきます。このように、原因となる「事実」から「原因仮説」を考え、その仮説に対応した「制度イメージ」をいくつか検討しながらイメージを膨らませて

【図】立法構想事実の明確化プロセス（廃棄物不法投棄対策を例にした場合）

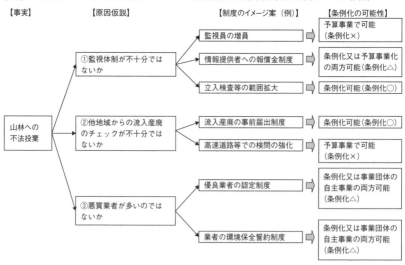

いきます。この原因となるナマの「事実」から、全く制約条件を設けずに「制度イメージ」を膨らませていったものが「立法構想事実」に相当します。

　もちろん、地域の実情や実行可能性などを考慮して、考え付いた制度イメージの中には、予算上の制約や実際の条例化には馴染まないものもあります。そして、最終的に条例化の根拠として残った一連の事実が「立法事実」になります。「立法事実」は、条例制定の理由となる事実を指し、後で万一、条例の適法性が訴訟で争われた際には条例の正当性を主張する大切な要件となりますので、立法構想事実の中から立法事実を明確化していくことが大切です。

　【図】では、この「事実」→「原因仮説」→「制度イメージ」の思考の連鎖から、さらにそれぞれの「制度のイメージ案」の条例化の可能性の評価までのプロセスを示しています。ここで条例化が「○」又は「△」が条例化の対象候補として残っていくことになります。条例化の検討過程では、当初の立法構想と最終的に残った立法事実は必ずしも同じレベルではありませんが、当初の立法構想事実に含まれた「めざすべき姿」を思い描きながら条例化を進めることが大切です[iii]。

4 会派内、議員間で 問題意識を共有する

　次に、条例制定についての問題意識を会派内、議員間で共有します。通常の議員提案条例の提出には、議員定数の12分の１以上の賛成者が必要（自治法112条２項）ですので、問題意識の共有できる議員を増やしていくことが必要です。また、会派制をとっている議会では、定期的に開催される議員総会などの機会に議論してみることも有効です。

　一定の賛成議員の確保の目処がついたら、条例案の検討と平行して、議会内での会派間の条例案の調整方法、提案方法、提案時期、報道機関対応などを関係議員間で検討します。

　このようなプロセスにより、「条例案を提出する」ということが、議員個人のアイデアから会派やグループとしての決定事項になっていきます。

5 条例案の基本設計から
条例提案の表明へ

 条例案の基本設計（条例案骨子）をつくる

　提出する条例案について会派や同僚議員と議論しながら、どのような制度を条例に盛り込むべきかについて具体的な検討をしていきます。いわば「条例案の基本設計」のプロセスに検討を進めていきます。この際、適宜、議会事務局の法令担当者のサポートも受けながら、条例の基本設計として条例案の骨子を作成し、条例案をアイディア段階のものから制度のフレームまで煮詰めていくことが必要です。このような条例案の骨子を実務上「条例案大綱」ということもあります。

　条例案骨子の検討に当たっては、議会事務局の法務担当者も交えて、制度設計について、憲法上の人権保障の観点からの問題の有無、関係法令や既存法令との抵触の有無、制度の実効性の可否などの政策法務的な側面からの検討も行います。条例案骨子は、議員間や議会事務局内で議論しやすいように、初期の段階では、基本的な考え方、条例の必要性、制度の検討項目などを簡単な図などにしてまとめておくのもいいでしょう。下の【図】は、筆者が、実際に携わったプレジャーボートに関する条例立案の初期段階で議員の条例案の骨子をまとめたものです。

【図】条例案骨子の例（岩手県プレジャーボート条例の場合）

> プレジャーボート対策に係る条例の制定について（検討方向）（骨子案）
>
> 1　プレジャーボート対策条例制定をする場合の基本的な考え方（例）

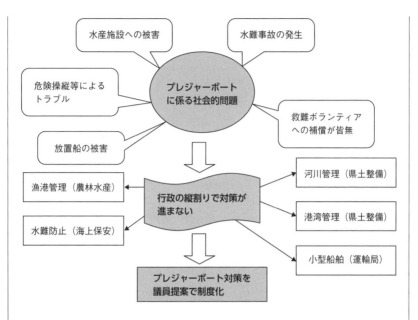

2　条例制定の必要性

(1)　プレジャーボートの増加を反映した海難事故の増加への対応が必要

　　・本県における海難事故

　　　25件（平成13年）→46件（平成14年）

　　・平成13年4月には三陸町沖でプレジャーボートの漂流事故発生

　　・平成15年10月には山田町沖でプレジャーボート転覆死亡事故発生

(2)　プレジャーボート保険加入率が低く、復旧作業、救難活動等の費用
　　回収の徹底が必要

　　・本県のプレジャーボート数1,192隻（H15.3現在、日本小型船舶検
　　　査機構調べ）

　　・係留許可船舶のうちの保険加入率：24.4%

　　・事故等で転覆したプレジャーボートの引き揚げ費用（数百万円）に
　　　関して、保険非加入者が多いため協力者（漁協等）が費用回収をで
　　　きない等、事故に際しての費用負担が不徹底

　　（中略）

3　制度の検討項目

(1) 目的

　　ア　水難事故防止

　　イ　事故時の費用負担の自己責任の徹底

　　ウ　不法係留船の廃除

　　エ　水域利用の適正化

　　オ　養殖施設等への被害防止

(2) 水難事故防止対策（参考事例：北海道）

　　水難事故防止のためのライフジャケットの着用義務の強化など

　　ア　プレジャーボートにおけるライフジャケットの着用義務の強化

　　　　例：着用義務のない12歳以上の小型船舶乗船者への着用義務化

　　イ　飲酒操縦の禁止

　　ウ　危険操縦の禁止の範囲拡大

　　エ　見張りの実施義務

　　オ　事故発生時の通報義務

　　カ　事故防止等のための停止命令

(3) 保険加入促進対策（参考事例：北海道）

　　事故に備えた財産的準備義務、説明義務、勧告、公表

　　ア　プレジャーボート所有者に対する事故に備えた財産的準備の義務

　　　　→保険加入か、十分な自己資産の準備

　　イ　プレジャーボート所有者に対する保険加入等の書類提出の要求

　　　　→随時プレジャーボート所有者に対して保険加入等の書類提出を要
　　　　　求

　　オ　書類提出要求に応じない者又は財産的準備が不十分な者に対する
　　　　措置の勧告

　　　　→書類提出の勧告

　　　　→保険未加入者等に対する必要な措置の勧告

　　（以下略）

議会内での条例制定の意思表明

　条例案骨子が概ねまとまった段階で、条例案提出についての意向を正式に議会運営委員会などの場で表明し、他の会派や議員に対して共同提案の申し入れをします。

　議会運営委員会などで条例制定の意思表明を行うにあたっては、正副議長、議会運営委員長、関係する常任委員長、各会派の代表者や政策担当者などに事前に説明しておくことが望ましいと考えられます。なお、2006年の地方自治法改正で常任委員会等が単独で条例案を提案することができるようになりましたが、この場合も、議会運営委員会への報告又は正副議長、議会運営委員長、関係する常任委員長などに対する事前説明などはしておいた方が望ましいと思われます。

6 議会内での検討は提案方法により パターンが異なる

　条例案提出の意思表明と相前後して、会派間での条例案作成に向けた検討と調整のプロセスに入りますが、こうした議会内での検討・調整から提案に至るプロセスは、提案の方法により、いくつかのパターンに分かれます。ここでは、それぞれのパターンについて紹介します。

議員提案条例の提案パターン

　議員提案条例の提案パターンには、大きく委員会発議の議員提案条例と議員発議の議員提案条例の２つに分けられます。

　委員会発議の議員提案条例は、自治法109条６項の「委員会は、……議会に議案を提出することができる。」との規定に基づき、条例議案を発議するもので、委員会発議の意見書発議案等と同様に委員会での審議・議決を経て、本会議に議案として提案されます。また、委員会には、常任委員会、議会運営委員会及び特別委員会のいずれも含まれます。議案の検討は、通常の常任委員会や議会運営委員会の「所管事務調査」（自治法109条２、３項）や特別委員会の付議事項（自治法109条４項）として行われます。

　議員発議の議員提案条例は、自治法112条１項の「議員は、議会の議決すべき事件につき、議会に議案を提出することができる。」及び同条２項の「議案を提出するに当たつては、議員の定数の十二分の一以上の者の賛成がなければならない。」との規定に基づくものですが、実際の提案方法としては、概ね次のようなパターンがあります。

　①　全会派共同提案の場合
　②　一部会派の共同提案の場合

③　会派単独、議員有志（議員連盟、プロジェクトチーム等を含む）による提案の場合

　これらの形で条例案を提案するために、その検討方法として概ね次のような方法があります。

　　a　条例検討委員会のような条例検討組織を設置して検討する方法（全会派共同提案の場合に多く用いられる）

　　b　常任委員会や特別委員会の所管事務調査を通じて検討する方法（全会派または一部会派の共同提案の場合に多く用いられる）

　　c　一部会派が共同で検討する方法（一部会派の共同提案の場合）

　　d　会派単独、議員有志で検討する方法（会派単独または議員有志で提案する場合）

　　e　上記の方法の混合の場合

　それぞれの提案パターンや検討方法による議会審議のプロセスは次頁の【図】のようになります。それぞれの検討方法別の議会審議の流れは ❷〜❺ のとおりです。

【図】 政策的条例発議案の提出・審議等について（フロー図）

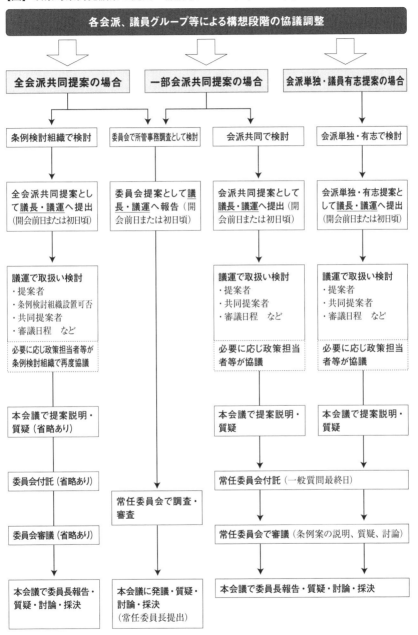

各会派、議員グループ等による構想段階の協議調整

全会派共同提案の場合	一部会派共同提案の場合	会派単独・議員有志提案の場合

全会派共同提案の場合

条例検討組織で検討

全会派共同提案として議長・議運へ提出（開会前日または初日頃）

議運で取扱い検討
・提案者
・条例検討組織設置可否
・共同提案者
・審議日程　など

必要に応じ政策担当者等が条例検討組織で再度協議

本会議で提案説明・質疑（省略あり）

委員会付託（省略あり）

委員会審議（省略あり）

本会議で委員長報告・質疑・討論・採決

一部会派共同提案の場合

委員会で所管事務調査として検討

委員会提案として議長・議運へ報告（開会前日または初日頃）

常任委員会で調査・審査

本会議に発議・質疑・討論・採決（常任委員長提出）

会派共同提案の場合

会派共同で検討

会派共同提案として議長・議運へ提出（開会前日または初日頃）

議運で取扱い検討
・提案者
・共同提案者
・審議日程　など

必要に応じ政策担当者等が協議

本会議で提案説明・質疑

常任委員会付託（一般質問最終日）

常任委員会で審議（条例案の説明、質疑、討論）

本会議で委員長報告・質疑・討論・採決

会派単独・議員有志提案の場合

会派単独・有志で検討

会派単独・有志提案として議長・議運へ提出（開会前日または初日頃）

議運で取扱い検討
・提案者
・共同提案者
・審議日程　など

必要に応じ政策担当者等が協議

本会議で提案説明・質疑

条例検討組織を設置して検討する方法

ア　会派の意見集約

　議員提案条例の事例の少ない議会においては、会派間で条例検討委員会などを設置して共同提案で議会に提案されるケースが比較的多いようです。

　これは、議会においては、意見書発議案などのように可決に向けて会派間の話合いにより調整をしようとする仕組みが存在し、議員提案条例の場合も、この仕組みが働いてしまうことによるのではないかと考えられます。この方式の場合、他の提案形式の場合も、まず、条例案の発案者（議員個人）が所属会派の議員に条例案の構想を説明し、会派内での意見集約が始まります。

イ　会派代表者、会派政策担当者による調整

　会派の意見とされた条例案については、その成立に向けて、他の会派との調整が始められます。

　他の会派との調整の折衝役を担うのが、会派の代表者や政策担当者です。通常、地方議会の場合、会派の代表者会議は、正副議長、主要会派の代表者、議会運営委員長などで構成され、議会の開会前や調整を要する重要事項が発生した際に必要に応じて開かれ、定例会の日程の概略や主要議案の概要報告等の調整を行っています。代表者会議は、多くの場合、法令に基づく必置の機関ではなく、権限も明確なものではありませんが、議会内の会派の代表者が一堂に会するため、会派間の調整組織としては、最も位置付けの高いものです。議員提案条例も、議会に提案されるに先立って、重要事項として代表者会議にまず提案の趣旨が報告され、公式に会派間での調整が始まるのが一般的と考えられます。

　会派の代表者会議と並行して、議員提案条例の細部については、政策担当者による実務的調整が始まります。調整の内容は最終的には広範にわたりますが、当初の段階では、まず、議会に正式に提案するための検討の俎上に載せることの可否について調整が行われ、条例案の趣旨、概要、検討方法などについて話し合われます。

ウ　議会運営委員会での検討方法の決定

　議員提案条例に限らず、議会に提案される発議案は、政策担当者で一定の調整が行われ、議会提案に向けて検討の俎上に載せることについて会派間の合意が成立した段階で、議会運営委員会に諮られます。議会運営委員会は、自治法109条の規定に基づき各自治体の条例で設置することができるものとされ、議会運営全般にわたり調整する、実質的な意味で議会のコントロールタワーです。議会運営委員会は、法令に基づく委員会であるため、会議は原則公開となります。

　通常、議会運営委員会での付議事項は広範なものとなりますから、調整時間は限られたものとなります。したがって、議会運営委員会では、条例案の趣旨、概要について、当初の提案会派から簡単な説明がなされ、共同提案の可否、検討方法などについて大まかな方向性が決定されます。ここで、共同提案の方向で検討することが決定され、提案時期の目安などが示されると、条例検討委員会等の会派間の検討組織の設置が決定され、細部の調整が委ねられます。

エ　条例検討委員会の立上げ

　条例案について会派間で詳細に調整・検討する組織として、条例検討委員会などの設置が決まると各会派で委員の人選が行われます。既存の政策担当者会議で条例案を検討する場合もあります。自治体議会によっては、常設または議員提案条例案が出るたびごとに、条例検討委員会等の名称の検討組織を設置している場合もあるようです（三重県など）。

　条例の検討組織の設置形態については、議員提案条例の提案頻度や条例案の内容の難度・ボリュームなどの事情に応じて決めるのが適当と考えられます。委員の人選については、条例の細部にわたり調整が行われるため、各分野の政策に通じた中堅クラスの、政策法務の知識を持っている議員が、委員として選任されることが望ましいと考えられます。

　条例検討委員会では、各会派から選任された委員により、あらかじめ当初の提案会派が検討していた「たたき台」をもとに、条例案の趣旨・目的や制度内容について会派の考え方を調整しながら、条例案要綱としてまとめ、最

終的に条例案文を作成します。委員会には、法制執務的な面からの補助を行うため、議会事務局の法務担当課の職員が複数同席することが望ましいと考えられます。また、条例検討委員会の検討の過程で必要に応じて執行部の関係職員に出席を求め、資料提供を求めたり、参考意見を聞いたりすることも考えられます。

ここで重要なことは、まず、各会派が委員に対して、一定程度、条例案作成に関する権限を委任し、委員自身も責任をもって検討に参画することです。このような会派の権限委任と委員の自己責任の自覚が十分に行われなければ、細部についていちいち会派に持ち帰って検討することとなり、効率的な調整ができないこととなります。

また、議会事務局側としては、委員会での依頼に基づき参考資料を作成するとともに、検討結果に基づき、条例案要綱、条例案文を事務的に調製し、話合いの結果をもとに、条例案の条文ごとの趣旨や解釈等をまとめた逐条解説まで作成します。

【写真】会派代表による
条例検討会のようす
（岩手県議会）

オ　共同提案

条例検討委員会で十分な調整がなされ、条例案要綱、条例案文等が完成した時点で、検討結果を議会運営委員会に報告します。議会運営委員会への報告に先立って、条例検討委員となっている議員は所属会派に対して検討結果

を伝え、議員総会等であらかじめ了承を取り付けていくことが必要です。また、条例検討委員会に小会派や無所属の議員が参加していない場合は、条例検討委員会メンバーの議員から、前もって検討の節目節目に検討状況を説明し、条例案に賛成するよう働きかけることも必要です。

このような事前手続きを十分にした上で、議会運営委員会では、条例案を共同提案することを最終決定し、具体的に条例案を発議案として議会に提出する手続きを決めていきます。

委員会での調査審議を通じて検討する方法（委員会提案）

ここでは、常任委員会や特別委員会での所管事務調査を通じて条例案を検討し、委員会として条例発議案を議会に発議するケースについて紹介します。

ア　委員会での意見集約

このケースの場合も、条例案の発案者（議員個人）が所属の会派の議員に説明し、賛同者が一定数集まり、議論が進んだ段階で、会派の代表者や政策担当者と取扱いを協議し、常任委員会や特別委員会の調査審議の中で検討する方向となった場合、関係する常任委員長や特別委員長と協議した上で、委員会の審議日程の中に組み入れてもらいます。

条例検討委員会等の組織を設置する場合に比べると、特定分野の課題や、ある程度時間をかけて検討したほうがいい課題は、委員会審議の中で検討する方式がなじみます。また、委員会審議の中では、調査審議の様子が、議会の公式の場で行われますので、住民から検討の過程がわかりやすいこと、委員会に関係する執行部の職員に出席を求めることができるので、執行部との協議が併せてできるなどのメリットがあります。

イ　委員会審議を通じた条例案検討

常任委員会や特別委員会の中で条例案を検討する場合、通常の付託案件の審議とは別の所管事務調査として行われます。したがって、付託案件が終了

後や別の日程（閉会中の委員会審査等）を設定した上で検討を行います。議事日程の調整については、委員長と発案者が事前に協議しておく必要があります。また、委員会を構成する他の委員に対しても、条例案を委員会の中で検討することと、その概要についてあらかじめ説明しておいたほうがよいと思われます。なお、条例制定のための特別委員会を設置する場合もあります。

議事日程の調整がすむと、開会された委員会の中で、発案者からの申し出を受けて、委員長から条例案の調査審議を議題とすることが告げられ、ここから正式に委員会での条例検討が始まります。

まず、条例検討の趣旨と制度の概要について、発案者が説明し、簡単な質疑応答が行われ、大まかな日程や調査方法などが決定されます。調査方法としては、執行部の関係部局の職員の出席を求めた意見聴取、実態を把握するための現地調査、有識者等の参考意見を聴くための参考人招致、住民や関係団体等の意見を聴くための公聴会、委員会としてのパブリック・コメントの実施などの方法が考えられます。

このようなプロセスを経て、委員会として条例案要綱、条例案を作成し、本会議に委員会発議の条例案として提案します。

ウ　委員会からの条例提案

委員会発議の条例案は、通常は、委員長が提案者となって条例発議案として提案されます。この場合、提案理由説明などについては、各議会での先例などに従って行われます。もちろん、委員会での調査審議は終了していますので、委員会付託は必要ありません。

委員長からの提案理由説明等の後、質疑、討論、採決が行われ、可決されれば条例が成立します。

 4　一部会派または議員有志により検討する方法

ここでは、会派が単独または共同で独自に条例案を発議したり、議員有志が条例案を発議するケースについて紹介します。

条例検討委員会等の組織を設けたり、常任委員会等での調査審議を通じて検討するケースでは、議会内の全会派が、当初から共同提案で発議しようとする場合が多いのですが、ここでは、一会派が絶対多数を占めている場合のほか、会派の独自性を強調したい場合や特定分野の政策について研究している議員グループなどが研究成果に基づく政策を打ち出す場合などに、条例案を発議するもので、当初から全会派共同提案を前提に調整を進め発議するケースとは若干趣を異にします。

　検討の過程では、条例案成立のために議会内での調整が行われることについては、これまでのケースと同様です。しかし、当初から共同提案を前提として調整が行われるわけではないので、賛成者が少数であれば条例案が成立しないという場合もあり、条例案成立についてのリスクは高くなります。一方では、特定の会派や議員グループの色彩が強調されるため、住民への政策としてのアピール度は高くなります。

ア　会派・グループ（議員連盟、政策研究会、プロジェクトチーム等）の意見集約

　発案者の議員が自らの考え方を他の議員に説明し、会派または議員グループの合意形成を図っていきます。ここでの議員グループは、会派の枠を超えた「議員連盟」や「政策研究会」、「プロジェクトチーム」なども含まれます。

イ　会派・グループによる条例案検討

　会派や議員グループ内で条例案について一定の合意形成が図られると、発案者の議員とメンバーによる細部にわたる条例案の検討が始まります。所属する議員が多い会派や議員グループでは、その分野に詳しい議員により、専門の「プロジェクトチーム」や「ワーキングチーム」などを組織し、細部について検討を委ねる場合もあります。

　国会などでは、新規の制度や既存制度の大改正について検討する際に、政党単位で専門の「プロジェクトチーム」や「ワーキングチーム」をつくっていますが、基本的には、これと同様のものです。検討プロセスでの執行部と

の調整や議会事務局の関与は、非公式な議員グループへの協力となるため、個々の議員に対する調査依頼への対応と基本的に同様なものとなります。特別の公費支出を伴わない、依頼に応じた資料の提供や作成、法的な検討などの通常の政策立案支援は可能です。

ウ　会派間の調整

　会派やグループでの条例案の検討がある程度進むと、平行して、条例案成立に向けて賛成議員をより多くするため、会派間の調整が行われます。会派間の調整は、個別に行う場合もありますし、政策担当者会議等の組織で行われる場合もあります。

　この段階で、それぞれの会派の意見に基づき一定の調整が図られ、条例発議案としての体裁を整えていきます。

エ　議会運営委員会への付議

　条例発議案として調整が終了し、提案時期、提案者などが決定した後、条例案は、本会議への提出のための手続きを決めるため、議会運営委員会に諮られます。

　議会運営委員会では、本会議に発議案を提出する日程、提案理由説明、委員会付託などの審議手続きが決められます。概ねこの時点までに、条例発議案の取扱いについて、各会派は賛成か、反対か、慎重審議か態度を決めています。全会派が賛成であれば、一部の手続きが省略される場合もあります。議会運営委員会での付議が終了し、議会提案が決まると、あとの手続は他の発議案の場合と同様です。

5　どの検討方法がよいか

　議員提案条例の検討方法として、①条例検討委員会等を設置して検討する方法、②常任委員会または特別委員会の調査審議の中で検討する方法（委員会提案）、③一部会派または議員有志の中で検討する方法の、基本的な3つのパターンを紹介してきましたが、これらのうち、どのパターンを選択する

かは、ケース・バイ・ケースの判断です。また、状況により、これらのパターンが複合して行われる場合もあり得ます。

　条例案の成立を最優先させる場合、ある程度迅速に成立を図る必要がある場合、条例案の内容が特定の行政分野に係るものでなく議会全体に関わるものである場合などは、全会派による条例検討委員会等の検討組織をつくって検討する方法がなじむと思われます。

　条例案の内容が特定の行政分野に関するものである場合、議会の正式な調査審議の中で慎重に検討する場合などは、常任委員会または特別委員会の調査審議の中で検討する方法がなじむでしょう。

　条例案の内容が特定の議員有志などの研究活動から生まれたものである場合、条例案の成立よりも一部会派等の政策をアピールする意図が強い場合などは、議員有志や一部会派で検討する方法がなじむでしょう。

【表】議員提案条例案の検討方法の選択

検討方法の区分	各検討方法の適すると想定されるケース
1　条例検討委員会等の検討組織を設置して検討する方法	①　条例案の成立を最優先させる場合 ②　迅速に成立を図る必要がある場合 ③　条例案の内容が特定の行政分野に係るものでなく議会全体に関わるものである場合 　など
2　常任委員会や特別委員会の調査審議の中で検討する方法（委員会提案）	①　条例案の内容が特定の行政分野に関するものである場合 ②　議会の正式な調査審議の中で慎重に検討する場合 　など
3　議員有志や一部会派の中で検討する方法	①　条例案の内容が特定の議員有志などの研究活動から生まれたものである場合 ②　条例案の成立よりも一部会派等の政策をアピールする意図が強い場合 　など

7 関係機関との協議を どのようにするか

　自治法上、議会は立法機関であり、議決機関であり、チェック機関としての権限は有しますが、担当部局としての権限はありません。したがって、議員提案条例であっても、その執行は、議会自らに関わるものを除き、首長や各種行政委員会などの担当部局に委ねられます。したがって、議会提案の条例も、最終的に、担当部局が施行することを考慮して、制度の執行について支障が生じないよう実務を担当する部局と十分協議する必要があります。

　また、刑罰を伴う条例を議員提案条例で制定する際には、警察や検察庁との協議も必要です。

1 担当部局との協議

ア　骨子案段階での協議

　条例案について、担当部局といつ頃から協議を始めたらよいのでしょうか。一般的には、条例案の骨子案について構想がある程度固まった、比較的早い時期から、担当部局との協議を開始したほうがよいと考えます。

　これは、担当部局と条例案の骨子案の段階から協議することにより、議員と担当部局の双方の条例案に対する理解を深めることができること、担当部局が持っている専門的な知識経験、ノウハウなどの情報を条例案の立案に活用することができること、双方の協議の過程により当初の条例案に改善を加えることが容易になることなど、よりよい条例案を立案するためにメリットが多いと考えられるためです。また、立案作業を補助する議会事務局の立場からも、議員側と執行部側が早くから協議を始めたほうが、実務的な照会をする際などには好都合です。

イ　議員による検討組織で条例案を検討する場合の担当部局との協議

　条例の骨子案の段階での事前協議が終わり、前述の各会派による条例検討委員会や会派のプロジェクトチームなどの、議員による検討組織をつくって条例案を検討する場合には、この検討組織に担当部局の関係職員の出席を求め、意見交換をします。

　意見交換の場では、条例案の論点を明確にするために、条例骨子案、条例案要綱など、条例案の内容が明確にわかる資料を提示したほうが効果的です。

ウ　委員会の場で条例案を検討する場合の担当部局との協議

　常任委員会や特別委員会の場で条例案を検討する場合は、委員会の正式な手続きとして担当部局の職員に出席要求をしたり、参考人としての出席を求め、委員会審議の中で担当部局の意見を聴くことになります。

　委員会審議では、会議は原則公開で行われ、正式な議事録も作成されるほか、限られた審議時間の制約の中で効率的に検討を進めることが求められます。

罰則を伴う条例制定の場合の警察、検察庁協議

　条例案に刑事罰を伴う場合、条例案の内容が固まりつつある段階で、条例の円滑な運用のため、罰則規定について、警察や検察庁とあらかじめ協議する必要があります。過料（5万円以下）や公表などは行政罰ですから、検察庁等への協議は原則不要ですが、罰則運用について参考意見を求めることも有効です。

　検察庁等との協議は、主に、条例の罰則規定が、憲法第31条に定める「罪刑法定主義」に基づき適正なものとなっているかどうか、また、刑事政策の面から刑罰が妥当な範囲かどうか、警察行政の観点から実効性ある取締りが十分可能か、などの観点から行われます。

　検察庁等との協議は、実務的な内容が中心となりますので、議会事務局職員が主に担当するのが通常です。

関係団体等の協議

　議員提案条例の中で「首長と議会の関係のルールに関する条例」以外の条例では、条例制定により、何らかの影響を受ける利害関係者がいる場合があります。

　たとえば、筆者の経験からは、プレジャーボート条例の立案にかかわった際には、ボートの販売業者や漁業団体などから意見を個別に聴きました。また、ペット条例の場は、ペット業者、動物病院の獣医師、動物愛護団体などです。このように、条例制定により、影響が生じる可能性のある団体等は、パブリック・コメントとは別に意見聴取をすることをお勧めします。もちろん、その際は、提案に関わる議員が出席するのが望ましいと思われます。

8 住民への意見聴取・学識経験者の意見聴取をどのようにするか

　最近、首長が、住民生活に密接に関連する条例等を制定する際には、条例制定手続きの透明性の向上や住民参加の観点から、学識経験者の意見を聴くことはもちろん、パブリック・コメントなどの方法で直接住民の意見を聴く手続きを経ることを条例や要綱で定めている自治体がほとんどです。

　議会提案の条例についても、その内容が住民生活に密接に関連する場合は、同様な手続きを経ることは、議会がより住民に身近な存在として、政策を立案するためにも、首長以上に必要であると考えます。

1 パブリック・コメント

　首長が提案する条例案についてパブリック・コメントを行う場合、住民の意見を求めるために条例案の概要として示す内容としては、①条例を制定する理由、必要性、②案の内容、③他の選択肢がある場合はその内容、④制度の運用に係る経費の概算などであり、これらの項目について一定の期間を示して意見を募集します。住民から意見募集する方法としては、インターネットや広報誌への掲載などのほか、地域での住民説明会や関係団体との意見交換なども行われます。

　議員提案条例を制定する場合のパブリック・コメントの運用については、議会が主体としてパブリック・コメントを行う場合と、提案者個人や会派が主体として行う場合が考えられます。議会主体でパブリック・コメントを行う場合は、実施手続等について、要綱などをあらかじめ定めるか（秋田県議会など）、個別に議会運営委員会などへの付議を経て行う（宮城県議会など）ことが必要です。最近は、あらかじめ議員提案条例についてパブリック・コ

メントを行う場合の手続を要綱等で定めている場合が増えているようです。議会として議員が地域に出向いて住民説明会等を行う場合、委員会の所管事務調査（自治法109条３項）や議員派遣（自治法100条12項）の制度を活用して実施することも考えられます。

　また、提案議員個人や会派主体でパブリック・コメントを行う場合には、住民の意見表明手続として必要十分な内容を備えていたことが後で説明できるよう、首長が行うパブリック・コメントに準じた方法で行うことが必要です。

【写真】議員提案条例の地域説明会のようす（岩手県議会）（提案議員が住民に対して説明）

 議会での公聴会

　公聴会は、自治法109条４項の規定により、予算その他重要な議案、陳情等について、真に利害関係を有する者または学識経験を有する者などから意見を聴くために行われるものです。公聴会は議会の正式な手続として行われ、条例案が常任委員会や特別委員会で調査審議されている際に行われます。

議会への参考人招致

議会への参考人招致も、自治法第109条第5項の規定に基づき、その自治体の事務に関する調査または審査のため必要があると認めるときに、参考人の出頭を求め、委員会審議の中で外部の意見を聴く方法です。参考人招致も議会の正式な手続として行われるため、常任委員会や特別委員会で条例案を検討する場合に適した方法です。

 ## 研究者等の助言指導

議員提案条例の立案に当たり、研究者等の助言指導を受けるには、2つの方法が考えられます。すなわち、議員個人や会派として助言指導を受ける方法と議会が機関として助言指導を受ける方法です。

第1の議員個人や会派として助言指導を受ける方法では、政務調査費等を使って個々の議員や会派の政務調査活動の中で、研究者の指導助言を求めることになります。研究者とのつながりを深めることにより、より広く、深く政策課題に関する相談や提案を求めることが可能となります。

第2の議会が機関として助言指導を受ける方法では、専門的知見活用制度（自治法100条の2）や議会運営委員会の議を経て依頼をするなどにより助言指導を受けることになります。前者は、議会の議決をした上で、専門家と委託契約等を締結して、特定の事項について調査研究してもらう制度で、従来の参考人招致等の制度に比較して、継続的に専門家の知見を求めることができる点でメリットがあります。

いずれの方法でも、大切なことは、検討している議員提案条例についての課題解決に沿った研究者を選ぶことです。研究者の専門分野や活動状況などは、最近は大学のホームページで公開されているところがほとんどですし、各種学会のホームページなども役に立ちます。著作物などは書店や公立図書館のホームページで検索が可能です。また、研究者の情報について、議会事務局の調査部門や図書部門に依頼するのも手っ取り早い方法でしょう。

全国の自治体や議会が独自の条例をどんどん制定している今日、特に全国

的にも例のない条例を制定する際には、研究者による理論的な基礎研究に裏打ちされた理論武装の指導助言を受けながら条例案を検討することをお勧めします。

9 いよいよ本会議に提出

　これまでの手続きを通じて条例案文を確定させ、いよいよ条例発議案の本会議への提出となります。発議案提出に際しては、議案として定められた体裁を整え、議員定数の12分の1以上の賛成者を募った上で（常任委員会等からの提案の場合は当該委員会の議決を経て）、議長に提出することとなります。

　議長は、提出された条例案の取扱いを議会運営委員会に諮り、審議日程が決められ、本会議での提案理由説明、議案に対する質疑、委員会付託、委員会での審議・採決、本会議への委員会の審議結果の報告、委員会の審議結果に対する質疑、討論、採決が行われ、可決されれば、条例として成立することとなります。このほか、それぞれの議会の慣例等によっては、正式な議会の提案の前に、代表者会議や全員協議会などの手続を経る場合もありえます。

　なお、議員提案条例の議会審議においては、提案者は議員であることから、通常、首長提案の条例で首長や担当部局の幹部職員がするように、提案理由の説明や本会議・委員会での質疑に対する答弁は提案者の議員がすべて行うこととなります。このため、実務的には、委員会審議の際の説明資料、質疑に備えた条例の逐条解釈や想定問答などの資料の作成も、議会事務局の法務担当者の支援を受けながら、提案者の議員が行うこととなります。条例議案提出に際しての議会事務局職員の支援業務の具体の内容については、国会の場合、衆参両院の議院法制局職員が、議員立法に関して、委員会審議の答弁資料の作成や、委員会に出席し提案議員の答弁の補佐などを行うほか、法制面について法制局職員が直接答弁に立つこともあるとされます[iv]。

　また、各自治体議会の議案の取扱いによっては、たとえば全会派共同提案

の場合などは、審議効率化のため、提案理由説明や委員会付託、質疑・討論などの審議手続きの一部が省略される場合もあります。

しかし、議会の意思表明としての意見書発議案などと異なり、条例議案の場合は、直接、住民の権利義務に関係する場合や、自治体の重要な政策推進に関わることもありえることから、議会においても慎重かつ透明性のある審議が求められます。従って、全会派共同提案だからといって全ての議会審議プロセスを省略することについては慎重に考える必要があります。

10 条例が成立したら

これまで、議員提案条例の立案と議会での審議プロセスについて紹介してきましたが、議会は立法機関ですので、法的には議員提案条例の場合も議会で可決されれば、議会としての果たすべき役割は終わりです。しかし、一方で、議員提案条例は、議員が提案し、議会を構成する一定数以上の議員・会派が賛成して成立した条例なのですから、ただ、担当部局に丸投げするのではなく、適切な運用を担当部局がするために、立案に携わった議員は、立案者として、立法の意図、制度内容、立案者が考えていた運用方法などを、条例を実際に施行する担当部局に対して十分に伝達し、その後適切な条例の運用がされているかどうか確認する、一定の説明責任と監視責任があります。

そこで、ここでは、成立した議員提案条例が円滑に運用されるよう、立案者としての引継ぎとその後のフォローについても紹介します。

 ## 1 担当課を決める

まず、議会で可決された条例は、首長に送付され、公布されることにより、対外的に法的効力を持つことになります。

条例の引継ぎ先を決める作業は、この条例公布の手続きを担当する部署を決めることから始まります。決定された担当部局側の担当課は、まず条例の公布についての手続きを行い、条例の施行日までに条例についての事務引継ぎ日程を議会側と調整します。

2 条例の趣旨を担当課に伝達

　担当課が決まったら、議会側は、事務引継ぎの打合せ会議の調整と資料を作成します。事務引継ぎを議員が参加して行うかどうかは、ケース・バイ・ケースだと思いますが、決まった条例の内容を伝達するのが主ですから、議員の了承を得た上で議会事務局法務担当課が行うのが妥当と思われます。

　事務引継ぎの際に用意する資料については、一般的には①条例本文、②条例要綱、③条例の趣旨解釈や、提案者が想定していた条例の運用に関する内容を記載した資料（通常、首長の提案条例を制定する際に担当課が作成するような「施行通知」に近いもの）、④条例の条文ごとの趣旨、解釈を記載した資料（逐条解説）、⑤議会審議用に作成した質疑応答集などが当てはまると思われます。

　事務引継ぎでは、これらの資料をもとに詳細に説明し、その後、正式に事務引継ぎ資料を担当課に送付した旨の公文書を議会側から担当課に送付し、伝達手続きが終了したことになります。

　なお、条例によっては、施行規則等が必要が場合がありますが、規則の制定は首長の権限で議会は制度的に関与することができません。しかし、実務上、特定の行政分野に関する条例の中には、たとえば、夜間花火の規制条例などでは、規制する区域や時間等の指定が必要な場合もあります。このような場合には、立案者側の議会として念頭に置いている地域を伝える等、規則制定等にも意見を述べる等のことも必要と考えられます。

3 条例の運用を議会として監視

　条例が成立し、担当部局側の担当課に対して条例関連事務の伝達が終了した後は、議会側は条例が適正に運用がされているか監視することになります。本来、議会は担当部局を監視するのが役割ですから当然なのですが、議会提案条例については、立案者として格別の監視をする責任があると考えます。

　また、議会提案条例の中には、結果として、議会の行政への監視機能の強

化を内容とした行政監視型条例もあります（例えば、総合計画を議会の議決事件とする条例、出資法人等の指導監督に関する条例など）。これらは、首長側の行政事務執行について一定のチェックをするものですから、議会としては首長側が適正に施行しているか一層厳しく監視することが求められます。

---

i　他自治体のベンチマーキングについて、田中孝男著『条例づくりへの挑戦―ベンチマーキング手法を活用して（信山社政策法学ライブラリイ（4））』（信山社出版、2002年）参照。

ii　山口道昭「自治立法を支える立法事実」兼子仁・北村喜宣・出石稔共編『政策法務事典』Ⅱ-2（ぎょうせい、2008年）60頁参照。

iii　前掲・山口60頁参照。

iv　参議院法制局ホームページ（http://houseikyoku.sangiin.go.jp）参照。

議員提案条例への議会事務局のサポートはどのようにするのか（議会事務局サポート編）

【第3章のポイント】

⑴　議会事務局の法務担当者は、政策立案と法規審査の双方にスキルが必要である。

⑵　議員からの相談に当たっては、制度のオプションをできる限り提示する。

⑶　議員提案条例の提出に際して、議会事務局内で法務担当者と議事担当者の連携が重要である。

⑷　議会事務局の法務担当者は、議員提案条例の成立に向けて、議員と連携して事務作業を責任をもって行う。

【議会事務局の議員提案条例立案サポートのプロセス】

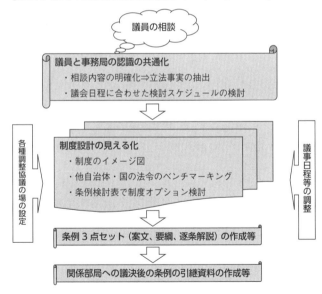

議員の相談

議員と事務局の認識の共通化
・相談内容の明確化⇒立法事実の抽出
・議会日程に合わせた検討スケジュールの検討

各種調整協議の場の設定

制度設計の見える化
・制度のイメージ図
・他自治体・国の法令のベンチマーキング
・条例検討表で制度オプション検討

議事日程等の調整

条例3点セット（案文、要綱、逐条解説）の作成等

関係部局への議決後の条例の引継資料の作成等

議員提案条例への立案サポートの特徴

　第2章では、新規制定条例を議員提案で行う場合のプロセスについて紹介しました。実は、そのプロセスの中には、議会事務局が関与して行われるものも多く含まれていました。

　議員提案条例の立案では、議会事務局のサポート、特に法務担当の役割が重要です。条例検討の過程における議会事務局の関わり方について、ここでまとめておきましょう。

　条例立案への支援は、自治体議会により若干違いがありえますが、議会事務局の法務担当の業務は、執行機関の法務担当と異なり、条例審査というよりは、条例立案の補助業務のウェートが大きいといえます。したがって、議員が言っている施策を条文の言葉にするとどうなるのかとか、また、その制度に法的な問題はないのか、ということを公平に進言できるようになることが重要です。また、議員の側も、議会事務局職員の立場を理解しながら、条例立案のパートナーとして活用することが大切です。

　議会事務局での条例立案過程での業務は、概ね次のような形で行われます。

2 条例化の相談、立法事実の確認

　初めに、議員が自分の考え方をまとめたもの（第2章の立法構想事実のようなもの）を、議会事務局の法務担当課に伝え、通常の調査依頼と同じように調査検討を依頼します。ここで、通常は初めて議員のオーダー（注文）が、議会事務局に伝えられます。議会事務局での検討は、まず、立法事実の確認、他法令との関係、法的な実効性なども含めて、議員自身からの聴き取りと意見交換を平行して行うことにより、議員からのオーダー内容の確認をすることから始まります。

　議員からのオーダーについて、聴き取り調査により確認する際には、主に次の点に留意が必要です。

① **立法事実の抽出と確認を行う**

　まず、議員から示された立法構想事実のうち、条例の根拠となる立法事実を確認します。なぜ条例化をする必要があるのか事実に即して説明を求めます。この際、その事実の発生頻度や社会に及ぼす影響なども具体的に話してもらうことが必要です。

　例えば、「暴走族規制条例」を検討する場合には、実際に暴走族による被害がどのようなものか、発生頻度はどの程度か、暴走族の活動実態はどうか、一般住民はどのような対策を望んでいるか、自治体や地域の対応状況はどうか、警察等の関係機関はどのような対策を行っているかなどについて、具体的事実に即して口頭での事実確認をします。このとき、暴走族の被害等について、資料としてまとまった客観的なデータなどがあればベターですが、この段階では口頭の説明でも十分です。また、客観的なデータが不足している場合は、事務局側で関係機関に照会して調べることなども場合により必要です。

② 制度のオプションを提示する

立法事実の確認が終わったら、議員から条例化したい制度の概略について具体的説明をしてもらいます。

条例は、通常、その目的を達成するために、いくつかの制度（最終的には条項として表現されます）によって形成されています。ここでは、条例を形成する個別の制度の内容について、「何をどのようにしたいか」具体的に説明してもらいます。この段階では、カチッとした条例案骨子としてできていない場合も考えられますから、議会事務局側は、制度のイメージを固めていくために、議員との意見交換を交えながら制度のオプションを検討します。

議会事務局では、説明を聴き、制度の内容について不明な事項を確認しながら、立法事実に即して、制度の具体のオプションを議員に提示していきます。制度のオプションを考えるには、類似の条例や法律などを参考としながら、個々の自治体の状況に合わせて微調整していきます。

③ 他法令との関係を検討する

条例案の骨子となる制度の検討が一応終わったら、議会事務局は、関係しそうな国の法令や自治体の条例をリストアップします。

わが国には、数多くの国による法令が存在し、国の法令が国民生活のあらゆる面に関わっています。この状態を「法令の規律密度が高い」ということもあります。

したがって、多くの場合、新たに条例をつくる場合、既存の他法令に抵触する場合が必ずといって出てきます。国の法令と自治体の条例の間での適用関係については、提案を検討している条例が、国の法令と抵触が生じる可能性がある場合は、議会事務局側では、提案者にその旨を伝えて、抵触を回避するアドバイスをすることが求められます。

④ 法的実効性の確認

いくら、明確な立法事実があり、目的・内容からみて妥当な制度を持つ条例であっても、うまく運用できなければ条例としての意義はありません。

例えば、何かを規制する場合、基準が不明確であるなど解釈適用に著しい不平等が生じる可能性がある場合や、取締りに際して、事実上不可能な方法による場合、規制方法や取締り方法が費用対効果からみて実効性の薄い場合

などは、法的実効性の点で問題が生じます。

　条例は、場合によっては、裁判規範としての役割も果たしますので、訴訟の場でも十分に耐えうる内容であることが当然に必要です。そのため、法的実効性の点で問題がある場合は、議会事務局側でも、提案者に対して忌憚なく問題点を指摘し、その問題点を回避する方法をアドバイスすることが必要です。

3 立案スケジュールの作成

　議員提案条例のイメージができてきた段階で、条例の検討と議会審議を含めた作業スケジュールをつくります。作業スケジュールをつくることにより、議員とそれをサポートする議会事務局側の日程的な面での共通認識を持つことができます。ここで、大切なことは、議会提案条例は、議員1人ではできないので、他の議員との協議が必要です。そのため、どうしても他の議員が集まる議会日程を考慮しながらスケジュールを組むことが大切です。

　スケジュールを検討する場合は、次のような要素を考慮に入れる必要があります。

① 提案時期をいつ頃にするか

② 素案をいつ頃までにまとめるか

③ 会派内の調整をいつ頃までに行うか

④ 会派間の調整をどのような方法で、いつ頃までに行うか

⑤ 条例案の検討方法、議会への提案の方法をどのようにするか（会派間の検討組織などにより共同提案する方法、常任委員会などの審議の中で検討する方法など）

⑥ 執行機関側との調整をいつ頃までに行うか

⑦ 罰則を伴う規制の場合、警察、検察との協議をいつまでに行うか

⑧ 関係団体、住民の意見聴取をどのような方法で、いつ頃行うか

⑨ 関係機関との調整を経た条例の最終案をいつ頃までに作成するか

⑩ 議会審議をどのような方法で行うか

⑪ 条例案成立後、施行までの期間をどの程度とするか（執行機関側の施行準備にどの程度必要か）

4 他の自治体、国の参考法令のベンチマーキングで比較検討

　次に、参考となる国の法令や他の自治体の条例と比較検討します。このプロセスは、主に議会事務局が提案議員に対して、その条例案の問題点や参考事例を提示するために行います。

　前述のように、我が国は、法令の規律密度が高い状態にあります。したがって、通常、多くの場合、新規条例の立案に際して、全く既存の法制度と関連性のない条例は現実的にはほとんどないと言っても過言ではありません。また、条例を含む法令に使われる用語や表現などは、一定のルールのもとに使われており、国の法令や他の自治体の条例を参照しながら比較検討することにより、検討中の条例で使えそうな用語法などがわかります。

　特に、先進的な自治体では、参考となる条例の制定例が多々みられます。これから制定しようとしている条例と類似するものを、すでに別の自治体がつくっている例も多く考えられます。そこで、これら参考となる事例をベンチマーキング[i]し、よりよいものをつくっていくことも有効な方法です。

　たとえば、岩手県では、総合計画や各部門別計画を議会の議決対象とする「県行政に関する基本的な計画の議決に関する条例」を2003年に制定していますが、その際、先行する他県の類似事例を比較検討しています。当時、同様に県の総合計画等を議決事項としている県は、三重県と宮城県があり、これら2県の条例を詳細に調べています。このようなとき、後で議員に提供する参考資料として、次頁の【表】のような類似条例を比較検討した比較表を作成しておくと便利です。比較表では、それぞれの条例の特色についてコメントし、後で議員に検討してもらう材料とします。議会事務局では、このような議論の材料を作ることも重要な仕事になります。

【表】他の自治体の参考事例の比較表の例

総合計画等を議決事件として定める条例案の検討（三重県・宮城県）

	三重県行政に係る基本的な計画について議会が議決すべきことを定める条例	宮城県行政に係る基本的な計画を議会の議決事件として定める条例	検討を要する事項
目的	（目的） 第1条　この条例は、県行政に係る基本的な計画を議会の議決すべき事件とすることによって、自主性に富み、総合的で透明性の高い県行政を計画的に一層推進することを目的とする。	（目的） 第1条　この条例は、地方自治法（昭和22年法律第67号）第96条第2項の規定に基づき、県行政に係る基本的な計画の策定等を議会の議決事件とすることにより、政策の実現に向けて計画の段階から議会が積極的な役割を果たし、もって県民にわかりやすく自主性に富んだ県行政を計画的に推進するとともに、透明性の確保及び県民参加の醸成に資することを目的とする。	① 本県の場合、何の目的で議決対象とするのか。 ・透明性の向上、県の説明責任の徹底か ・住民参加の拡大か ② 目的に応じて制度の内容が多少異なる（議決事件とするだけでよいか） ③ 三重県→自主的な県行政の推進 　透明性の向上 ④ 宮城県→計画策定への議会の積極的な参画 　わかりやすく自主的な県行政の推進 　透明性の確保 　県民参加の醸成 ⑤ 知事の執行権の侵害にならない理屈付けが必要
対象	（議決すべき計画） 第2条　地方自治法（昭和22年法律第67号）第96条第2項の規定に基づき、次に掲げる計画（計画期間が5年を超えるものに限る。）の策定について、議会の議決すべき事件とする。 (1)　県行政全般に係る将来目標を設定し、当該目標を達成するための施策、事業その他の手法を総合的かつ体系的に示した計画 (2)　前号に掲げるもののほか、県行政の基本的な施策に係る計画（法令又は他の条例に定めのあるものを除く。）	（議決すべき計画） 第2条　知事その他の執行機関は、次に掲げる計画（計画期間が5年未満のものを除く。）を策定し、変更し、又は廃止するに当たっては、議会の議決を経なければならない。 (1)　県行政全般に係る政策及び施策の基本的な方向を総合的かつ体系的に定める計画 (2)　前号に掲げるもののほか、県行政の各分野における政策及び施策の基本的な方向を定める計画（他の条例に議会の議決の定めのあるものを除く。）	① 議決すべき計画の内容をより明確にすべきではないか。 ② 自治法上、市町村では基本構想のみを議決事件とし、基本計画以下は首長の執行権の内容としているが、それとの均衡はどうか。（本県でも、宮守村、大野村、滝沢村では基本計画を条例で議決事件としている） ③ 部門別計画や各種の指針等について、どの範囲を議決対象とするのか ④ どのような観点で議会審査するのか、審査のための判断資料は不要か（細かい事業の箇所付けなども含めて審議すると恣意的な審議となるのではないか） （審査の観点の例） ・計画の基本的な考え方の適否 ・社会経済状況、財政状況、組織体制上からみた実効性の適否 ・県の最重要政策の決定としての策定手続きの適否 ⑤ 法令に基づく計画の扱いをどうするか
	（議会の議決） 第3条　知事その他の執行機関は、前条各号に掲げる計画を策定し又は変更しようとするときは、あらかじめ議会の議決を経なければならない。		① 議決は効力要件か、否決された計画の取扱いはどうか ② 修正議決はできないと解釈されるがよいか ③ 議決を伴うことにより、計画の変更手続きが煩雑にあるが、柔軟な行政運営を阻害することとならないか

（以下略）

5 制度のイメージ図の作成

　次のプロセスとしては、提案議員との意見交換で確認した制度のイメージを図にしてみることが有効です。制度の全体のイメージを把握する上で、文言よりも図のほうがわかりやすい場合が多くあります。また、後で立案作業にタッチしなかった議員や執行部の職員に説明する際にも、イメージ図があると便利です。

　イメージ図の作成の方法は制度全体がわかりやすく表現されることが重要ですが、例えば、先に例示した岩手県の「県行政に関する基本的な計画の議決に関する条例」の検討時のイメージ図を次頁の【図】に示していますが、この場合では、従来の総合計画等の策定プロセスに、条例により新たに議会の議決等のプロセスを加える場合のように、既存制度に改善を加える制度改正の際には、新旧の制度の違いがわかるようなイメージ図がわかりやすいと思われます。

【図】県行政に関する基本的な計画の議決に関する条例の制度（概念図）

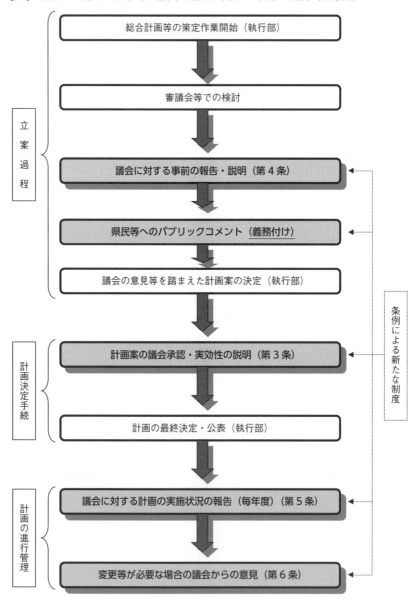

立案過程

総合計画等の策定作業開始（執行部）

審議会等での検討

議会に対する事前の報告・説明（第4条）

県民等へのパブリックコメント（義務付け）

議会の意見等を踏まえた計画案の決定（執行部）

計画決定手続

計画案の議会承認・実効性の説明（第3条）

計画の最終決定・公表（執行部）

計画の進行管理

議会に対する計画の実施状況の報告（毎年度）（第5条）

変更等が必要な場合の議会からの意見（第6条）

条例による新たな制度

6 条例案検討表で 制度オプションの見える化

　これまでの検討の中で、立法事実の整理、条例案に盛り込む制度の概要とイメージ図などの作成などを通して十分に提案議員との協議を経た上で条例案骨子が形づくられていきます。条例案骨子の事例については第2章で例示していますが、条例案骨子が、新たに策定する条例案の基本設計とすると、条例案のいわば実施設計図に当たるものが条例案要綱です。条例案要綱では、骨子の段階で検討してきた制度を具体的に表現することになります。

　この場合、いきなり条例案要綱を書き出すのは、条例案の立案事務によほど慣れた人でも大変です。そこで、これまでの条例案骨子、他の法令のベンチマーキングした結果を表に並べて、制度のオプションをまとめて見える化することをお勧めします。この作業により、これまでの検討経過がわかりやすく、後で条例を法規審査する際にもスムーズな審査が期待できます。

　参考までに、先の岩手県条例で使った検討表を紹介します。次頁の【表】では、骨子案、他県の条例、これまでの課題など、その時点で検討されてきた情報をすべて記載しています。

【表】条例案の検討表

総合計画等を議決事件として定める条例案の検討

	三重県行政に係る基本的な計画について議会が議決すべきことを定める条例	宮城県行政に係る基本的な計画を議会の議決事件として定める条例	（条例案骨子）総合計画等を議決事件として定める条例案	骨子の検討
				① 「総合計画」の定義が条例上ないので、題名に「総合計画」を含めるのは他県でも例がない。 ② 議決事件の指定以外の規定があるので「議決等に関する条例」ではどうか
目的	（目的） 第1条　この条例は、県行政に係る基本的な計画を議会の議決すべき事件とすることによって、自主性に富み、総合的で透明性の高い県行政を計画的に一層推進することを目的とする。	（目的） 第1条　この条例は、地方自治法（昭和22年法律第67号）第96条第2項の規定に基づき、県行政に係る基本的な計画の策定等を議会の議決事件とすることにより、政策の実現に向けて計画の段階から議会が積極的な役割を果たし、もって県民にわかりやすく自主性に富んだ県行政を計画的に推進するとともに、透明性の確保及び県民参加の醸成に資することを目的とする。	第1　条例制定の趣旨 　この条例は、県行政に係る基本的な計画を、議会の議決すべき事件とすることにより、政策の実現に向けて計画の段階から、議会が積極的な役割を果たし、自主性と実効性に富む県行政の推進に資することを目的とすること。	① 条例制定の目的をどのように考えるか。「議会の権限強化」だけでは「執行権の侵害」との誤解も生じる恐れがあるので、三重県等の条例も参考として「議会の議決とすることによる透明性向上、県民参加」と、本県オリジナルとして「県行政の実効性確保」を目的の柱としてはどうか。 ② 議決以外（議会への報告等）の部分もあることから「県行政に係る基本的な計画を、議会の議決すべき事件とすることにより、」→「県行政に係る基本的な計画の策定等の議会における議決等に関し必要な事項を定めることにより、」としてはどうか。 ③ 「政策の実現に向けて計画の段階から、議会が積極的な役割を果たし、県行政の透明性を高め、自主性と実効性に富む県行政の推進に資する」→「基本計画等の立案段階から県民と議会が積極的に参加し、わかりやすく実効性の高い基本計画等の策定を図り、もって自律的な県行政の推進に資することを目的とする。」（文言整理） ④ 目的に「自主性と実効性」を掲げる以上、それを受けた制度が必要ではないか。 【政策担当者会議での議論】 1 議会答弁で執行部は総合計画の見直しを示唆している。早急かつ慎重に検討する必要がある。

（以下略）

7 条例案要綱から条例案文へ

　次は、いよいよ条例案文の作成です。ここでの作業は、これまでの検討の過程で制度の実施設計までは終わっていますから、条文化は議会事務局法務担当課の職員が主に行います。

　条例の案文を作成する際には、条例案要綱で検討した内容を法令としてふさわしい表現に直し、法令としての実効性が担保できるよう、その条文が適用される場合の要件と効果が誰の目からみても明確に表現されているか、注意しながら記載します。

　条例案要綱とのつながりを確認しながら検討するには、前頁の検討表の横にさらに案文の欄を加えると作業が効率的に進められます。

8 条例案の法規審査
─立案担当と審査担当は分ける

　条例案要綱と条例案文ができたら、その条例案が法規としての形式と実質が具備されているか審査することが必要となります。

　通常、首長が提案する条例案の場合、総務課や文書課などと呼ばれる課に法規審査を担当するセクションが置かれ、そこで審査をした後、必要に応じて庁内の法規審査委員会や政策法務委員会などの審査機関でチェックを受けるなど、いく重にも審査が行われます。しかし、議員提案条例の場合、基本的に審査は、提案議員、会派、議員間の検討組織のほかは、議会事務局の法務担当課が行わなければなりません。

　条例案を審査する場合、できるだけ違った目でチェックするために、立案者と審査者は、別人が行うほうがベターです。議員提案条例にこれを当てはめると、議員側でも当初の提案議員とは別の議員が少なくても何人かは目を通して条例として審査（または意見を述べる）ことが適当です。また、議会事務局の法務担当課でも、立案担当と審査担当は別にすることが必要です。

　しかし、現実的に、多くの自治体の議会事務局では、政策法務に精通した担当者が数多く配置されているわけではありません。都道府県の議会事務局でも、法令実務者の人数は限られています。市町村議会では法令実務の経験者が配置されていないところもあります。できるだけ事務局内の体制で立案担当と審査担当を分けて作業を進め、複数の目で案文をみることが大切です。その上で、首長部局の法規審査担当セクションの参考意見も聴くことなどの協力を求めるのが、現実的にはベターな方法といえます。その際、首長部局の法規審査担当セクションには、十分に趣旨を伝え、必要に応じて機密の厳守など求めることが適当です。審査責任の明確化、機密性の保持などの観点から、必要に応じて、首長部局の法規審査セクションの担当者を議会事

務局兼務とし、議会事務局職員としての身分を併せ持つなどの方法により、議員提案条例の審査体制の充実を図ることも現実的には重要と考えられます。

　案文が完成した時点で、最終的に提案議員のチェックを得た上で、発議案としての体裁を整えることになります。

9 提案者としての関係資料を作成

　条例案文の作成と平行して、発議案の提案者として必要な参考資料（条例案要綱、逐条解説、想定質問、参考法令など）も議員の求めに応じて作成します。また、議会提出後は、条例案に対する質疑に対する法制面からの答弁書なども必要に応じて作成します。

【写真】条例提案時に提示する資料の例
　　　「プレジャーボート等に係る水域の適正な利用及び事故の防止に関する条例案要綱」「プレジャーボート等に係る水域の適正な利用及び事故の防止に関する条例逐条解説」「プレジャーボート等に係る水域の適正な利用及び事故の防止に関する条例 Q and A（抄）」「プレジャーボート等に係る水域の適正な利用及び事故の防止に関する条例案について」

10 議事手続に関する検討は議事担当者と行う

　次に、条例発議案の提出から審議、採決に至るまでの議事運営が会議規則や先例等に照らして適正に行われるように手続面から検討します。初めて議員提案条例を提案する場合は、本会議への議案提出の日程、提案者、提案理由説明など段取りや委員会への付託先の決定、審議方法、採決などの手続について、事務局内で予め調整しておくことが有効です。

　この場合には、提案議員、議会事務局の法令担当課の職員ほかに、議事担当課の職員も入って検討することが望ましいと考えられます。議事担当課職員は、検討結果に基づき、議事日程や、本会議や委員会審議のシナリオである次第書を作成していきます。

11 パブリック・コメントの日程調整、関係機関との協議の場の設定や報道機関への連絡

　これまでが条例案作成までのプロセスですが、このほか、条例案の検討段階では、提案議員の依頼を受けて、関係機関や執行機関との協議の場の設定や、報道機関への連絡・資料作成なども議会事務局で行います。また、条例の素案作成後のパブリック・コメントの日程調整、住民説明会の場所等の確保なども事務局側の役割になります。

---

i 　「ベンチマーキング」とは他の参考事例から、よい点を学び、採り入れていくことで、企業での改善手法として採り入れられている手法です。

第4章

議員提案による条例の一部改正をどのようにするのか
（一部改正条例プロセス編）

【第4章のポイント】

⑴　既存条例を一部改正を議員提案で行うことで、柔軟な行政への見直しにつながる。

⑵　首長部局の既存の政策条例の見直しをチーム議会で組織的に行うことにより、政策の評価検証のほか、議員の政策全体への理解など、多面的なメリットにつながる。

⑶　既存条例の議員提案による一部改正により、議会のチェックがより適切に行われ、望ましい二元代表制に近づくことが期待できる。

⑷　既存条例の一部改正は、新規制定の場合よりも高度の政策法務のスキルが要求されるので、慎重に検討することが必要である。

硬性条例から軟性条例の時代へ

　憲法改正の論議が、いろいろな意味で話題にされるようになってきていますが、憲法を改正の難易度の面から「硬性憲法」と「軟性憲法」という用語で分類することがあります。「硬性憲法」とは改正が比較的難しいもの、「軟性憲法」とは改正が容易なものです。

　条例の世界では、「硬性」と「軟性」という用語法はありませんが、あえて「硬性」と「軟性」という言い方を使うとした場合、税関係や給与・手当関係の条例は、国の法令に準じて、ほぼ毎年度改正が行われています。いわば「軟性」の条例です。税や給与・手当関係以外にも、法定受託事務や法律の規定のある自治事務では、法令の改正の都度、自治体の関係条例の規定改正が遅滞なく行われています。

　これに対して、一般的に自治体独自の政策条例では、圧倒的に「硬性」の度合いが高いのではないでしょうか。むしろ、自治体独自の政策条例の場合、自主的な見直しによる改正は多くはないように感じられます。

　しかし、社会の変化が激しい今日において、政策条例の世界でも、時代にそぐわないものが出てくるはずです。独自の政策条例でも、時代に応じた見直しは必要です。この章では、議員提案条例により既存条例を見直す場合について紹介します。

2 独自の政策条例は、なぜ軟性条例化しにくいか

　本来、社会の変化に対応して、独自の政策条例でも柔軟に改正を行うことが求められるはずですが、独自の政策条例は、なぜ軟性条例化しにくいか。その要因としては次のようなことが考えられます。

　第1に、職員の「政策法務」に対する「慣れ」の問題です。国の法令に基づく条例改正が行われる部署では、複数の条例担当者が常に配置され、しかも日常的に法律を読み、解釈、運用が行われるため、その法律についての内容に精通していきます。我が国の法律は一定のパターンがあるので、自ら担当する一つの法律に精通していくと、他の法律についても、ある程度応用が利きます。こうして、いわゆる「政策法務」に慣れていくのです。一方、独自の政策条例の担当課でも、日常業務の中であまり法令や条例を直接運用する機会が多くない部署では、政策条例の制定のために一時的には「政策法務に慣れた職員」が配置されますが、その後は継続的に職員配置がなされない場合もあり、結果として、条例改正に対する職員のモチベーションが高まらない状態になるのです。

　第2に、改正の「手続」と「職員の意識」の問題です。国の法令に起因する条例改正と異なり、自治体独自の政策条例を制定改廃する場合、自治体が一から制定作業をします。このため、制度の基本設計から始まり、外部の審議会等の運営、制度骨子の策定、関係団体や庁内関係課との意見調整、案文作成、議会対応などの手続をすべてこなすには、大変な労力を要します。条文が多岐にわたる条例案の新規制定では年単位の手間を要することもあります。比較的大規模な改正も同様です。特に関係団体や庁内の調整には多くの苦労が伴います。多忙な自治体職員にとっては、独自の政策条例の制定改廃は、できれば避けたい仕事ということになるのです。

第3に、トップの政策法務への「理解度」の問題です。上記の2点により条例改正に消極的な組織風土が形成され、独自条例の制定改廃はボトムアップでは行われにくい条件がそろってしまうのです。そうすると、独自の政策条例の制定改廃の言い出しっぺは「トップ」ということが多くなってしまうのですが、自治体のトップは、必ずしも独自条例の制定改廃の基礎となる政策法務の素養があるわけではありません。残念ながら、むしろ、政策法務に対して理解を示すトップ層は多くはないのが現状でしょう。自治体組織が独自条例に消極的になってしまう傾向とトップ層の理解の低さが相まって、かくして一度制定された独自の政策条例は硬性条例となってしまうのです。

3 首長提案の政策条例の見直しは議員提案がねらい目だ！

　このように、首長提案の政策条例の場合、構造的に柔軟な見直しが難しい側面があります。その意味では、議員間の一定の了解があれば、手続や関係者間の調整を迅速に進めることができる議員提案条例での政策条例の一部改正は、住民から見てもメリットが大きいといえます。

　しかし、現状では、議員提案条例による一部改正条例は決して多くはありません。例えば、2016年度から2017年度までの2年間の議員提案条例260件（都道府県68件、市町村192件）のうち、一部改正条例は55件（都道府県13件、市町村42件）であり[i]、議員提案条例全体の2割程度です。この中には、法律改正等に伴う、いわゆる所要の改正も含まれており、政策的な観点からの一部改正は、さらに少ないとみられます。

　この背景としては、次の2点が考えられる。第1に首長提案の条例を、議員提案で改正することを躊躇してしまうことが考えられるます。多くの自治体では、首長提案条例と議員提案条例では壁があり、相互に不可侵とする不文律があるように見られます。しかし、条例として両者の法的効果に区別はなく、制度上も、予算や組織に関するもの[ii]など首長の専権事項と解されるものは議員提案条例では提案できませんが、それ以外の事項については提案可能であり、当初、首長提案条例であったものも、議員提案で改正することは可能とされます。実際に国会では、当初は内閣提案の法律も議員提案で改正された例が見られます[iii]。したがって、地方議会であっても、首長提案の条例を議員提案により改正することは、特に問題はないのです。

　第2に、議会側に、条例を一部改正するノウハウがいまだ十分に蓄積されていないことが挙げられます。条例の一部改正をするためには、まず現行の条例の内容を熟知し、それが今の社会に適合しているかどうかを見抜く力を

議会側が有していることが必要です。その意味では、新規制定の場合と比較して、一層の政策法務のスキルが必要です。

　では、既存の政策条例の一部改正を議員提案で行うためには、どのようなことが必要とされるのでしょうか。大きく二つの要素が必要です。それは、既存の政策条例の検証見直しと、実際に条例改正のプロセスとマネジメント・スキルを身につけることです。次節では、この2点について詳しく解説することとしたいと思います。

「チーム議会」で既存の
政策条例を見直してみよう

 検証見直しのための体制づくり

　まず、既存の政策条例の検証見直しについて考えてみましょう。当初から見直し対象の条例が議会側として定まっていれば当該条例の検証見直しをすることになりますが、条例全体を対象に見直しを行う場合、次のようなプロセスによります。

　ひと口に条例の検証見直しといっても、自治体が運用している条例の数は相当数に上ります。例えば、神奈川県の場合、県のホームページに掲載されている例規集[iv]で条例を検索すると406件（2020年7月17日現在）の条例が掲載されています。同様の方法で鎌倉市の例規集[v]を見ると301件（2020年10月9日現在）の条例が掲載されています。このすべてが自治体独自の政策条例ではありませんが、非常に多くの条例を自治体が運用しています。これを、一部の議員で検証見直しすることは、かなりの労力と時間を要します。効率的かつ的確に作業を進めるためには、チーム議会として会派横断で作業を進めることが望ましいでしょう。

　具体的には、作業チームを会派横断で立ち上げ、構成メンバーごとに分担して作業をする方法や、議会の委員会ごとに所管する部局の条例を分担して委員会の所管事務調査として検証見直しをする方法などが考えられます。また、これらを一部の分野だけで行うのも可能です。チーム議会の取組みとしてのコンセンサスが得られるのであれば、議長や議会運営委員会での了承を得た上で、「委員会の所管事務調査」として作業を行う方法が効果的でしょう。委員会の所管事務調査は、自治法109条2項に基づき、委員会審議の一環として行う調査を指し、審議の一環である以上、執行部は出席等の協力義

務が生じると解されます。また、作業を委員会の取組みの一環として公費を使って行うことが可能であり、委員派遣として出張ヒアリング等を行う場合の事務局職員の同行も可能となります。また、参考人招致（自治法115条の2第2項）や専門的知見の活用（自治法100条の2）などの制度も活用することができます。

検証見直し作業の実際

ア　検討対象条例の抽出

　どのような体制で作業を行うかはともかく、まず検証見直し作業の対象となる条例を、どの範囲とするかを決める必要があります。検証見直しの観点を決めて限定的な範囲で検討する方法もありますが、例えば、委員会の所管部局ごとにすべての条例を検討対象とするとした場合、次のような条件でリストアップする方法が考えられます。以下のような条例で、対象条例を抽出する場合、通常の基礎自治体では、多くても50本前後ではないかと思われます。

　【検討対象とする条例の条件】（例）

① 国の法律の施行条例等でないこと

② 国の法律に関係する条例であっても自治体の独自規定を含む条例であること

③ 条例制定後、5年以上経過していること

④ 行政処分や罰則規定があるにもかかわらず適用事例がほとんどないこと

⑤ 市町村や市民団体等から制度改正についての要望等が提出されていること

⑥ 他の自治体で改正等が行われているにもかかわらず放置されていること

　このような条例を、例えば委員会の調査事項として、次頁の【表】のような「条例の検証見直しシート」などを使って関係部局に照会し、検討対象となる条例の抽出・リスト化を図ります。

部局に照会するに当たっては、調査様式を漏れがないように作成すること、回答に当たる事務職員の事務負担を考慮し、照会する時期や回答期限に十分に留意する必要があります。また、調査についての協力を得やすいように、議会側が説明会を開催することも有効です。

【表】条例の検証見直しシート（例）

条例名（施行年月日）	○○市△△条例（平成×年○月×日　施行）	
所管部局・課名、担当者氏名	△△部　○○課　　政策花子（Tel　　　　e-mail　　　　）	
見直し条件該当性（該当するものに○をつける）	○　①国の法律の施行条例等でないこと ②国の法律に関係する条例であっても自治体の独自規定を含む条例であること ③条例制定後、5年以上経過していること ④行政処分や罰則規定があるにもかかわらず適用事例がほとんどないこと ○　⑤市町村や市民団体等から制度改正についての要望等が提出されていること ⑥他の自治体で改正等が行われているにもかかわらず放置されていること	
全条文	各条項の現状と課題	改善策、他の自治体の例など
（前文） …………………………… 第1条　……………………… ・ ・ ・ ・ ・ 第▽条	（例） ・○○が行われていない……	・○○を条例で義務化する必要がある。

イ　対象となる条例の内部検討と条例改正の計画化

　次に、部局への調査で抽出された条例の一つひとつについて、調査に使ったシートなどをもとに、議員間で内容を内部検討します。この場合、議会事務局の法務担当課の担当者の協力を得ながら検討をすることが有効です。条例の検証見直しをするために、政策法務的な知識・技術も必要であり、普通の議員だけでは効率的ではありません。検討見直しの結果、複数の条例の見

直しが必要な場合、優先順位に応じて改正の時期等について計画化していくことも大切です。

　検討の視点は、前述アのようなリストアップの条件から見て、当該条例の規定が実情に合わなくなっている点がないかということが中心になりますが、次の段階で部局に対して行うヒアリングの際の質問事項に関し、共通認識を持つための議論を十分にしておくことが重要です。この段階で、ある程度、改正する条例の骨子について議員間で検討することが大切です。また、次項の部局ヒアリングを平行して行うことも必要に応じて大切です。

ウ　部局ヒアリング

　議員間で内部検討をした後で、担当部局に対するヒアリングを行います。部局に対するヒアリングは、委員会の所管事務調査として行う場合は、委員会の場で行うことも、委員会とは別の場で行うことも可能です。前者の場合は、議会の正式な日程の中で、説明員への出席要求をして行うこととなります。説明員は、通常は課長以上の役職者ですので、ヒアリングできる内容や時間が限定される面もありますが、公式記録を議事録として残すことができたり、参考人招致や専門的知見の活用も可能だというメリットがあります。

　委員会とは別の非公式な場でヒアリングを行う場合、制度に精通した担当者も出席可能であり、ホンネの議論ができる反面、必ずしも部局の公式見解とは限らない場合もあります。いずれの方法でヒアリングを行うか、ケース・バイ・ケースで考えることが大切です。

エ　担当部局への確認

　部局ヒアリングを経て、見直しをすべき事項があるにもかかわらず、適切な見直しが行われていない場合、当該見直しが必要な条例について、担当部局が今後、見直しをする意向がないか確認することが必要です。

　条例を執行しているのは基本的に首長であり、担当部局が実務を担当しています。したがって、一義的に見直しを考えるのは、担当部局であることが望ましいと考えられます。担当部局の意見を聴き、議会側として、なお見直しが必要ということであれば、いよいよ改正作業に入ることになります。

5 一部改正条例の立案のプロセスとマネジメント・スキル

　条例の見直し作業の結果、一部改正する対象となる条例が決まったら、改正に向けた作業を進めます。改正作業は、新規条例を制定する場合と基本的には同様であり、概ね次のとおりです。

条例改正作業チームの体制づくり

　まず、条例改正の起草作業を実際に行う作業チームを結成することが必要となります。改正条例の提案の仕方により、改正作業をするチームづくりが多少異なりますが、いずれの場合も、条例の検証見直し作業との連続性を持たせるため、チームのメンバーには、改正しようとする条例の検証見直しを実際に行った議員が含まれていることが望ましいと考えられます。

ア　委員会提案の場合

　委員会提案で条例改正を行う場合、委員会提案で作業を行うことを委員会で決定した上で、委員長のリーダーシップのもとに、委員会の人数や会派構成により、チームメンバーを決めていきます。委員会提案の場合は、これらのプロセスを委員会の公式の場で行うことが必要です。

イ　会派共同提案、議員有志による提案の場合

　共同提案に賛同する会派、議員有志からチームメンバーを選出します。全会派共同提案の場合は、自治体議会によっては、議会運営委員会への報告等が必要な場合もあります。

条例改正案の立案

　作業チームにおいて、まず条例改正の基本設計となる制度の骨子を固めます。その上で、①条例案要綱、②新旧対照表、③改正案文、④必要な附属資料を作成していきます。新規条例の場合と異なるのは、②新旧対照表が必要な点です。附属資料としては、改正制度の概要説明資料、改正部分の逐条解説、想定問答集などです。

　また、最終的に議会に議案として提出する改正案文の形式は、自治体により、いわゆる「改め文」方式の場合と「新旧対照表」方式の場合があります。

　上記の①から④までの資料は、作業チームの議員だけではなく、議会事務局の職員の協力を得ながら作成します。議員による作業チームと議会事務局職員との関係については、議員は制度改正について相互に議論し、改正の方針・方向性を定め、議会事務局職員は作業チームの議員の要請に応じて、適切な議論や判断が行われるよう、十分な資料の提供、法的解釈の支援、法律的・政策的な論点のとりまとめ、改正案文の起草、執行部の担当部局との連絡調整などの事務作業を行います。

　作業チームと議会事務局職員はいわばパートナーの関係であり、作業チームの議員は議会事務局職員に丸投げするのではなく、議会事務局職員の側も、単に事務的・作業的な面のみならず、有効な制度改正が行われるよう、法技術的サポートを行うよう努めなければなりません。

 ## 担当部局との調整

　作業チームにおいて、条例改正案が固まりつつある段階で改正案の内容について担当部局と調整を始めます。これは、新規制定条例の場合と基本的に同様なプロセスになります（本書46頁参照）。

市民の巻き込み

　住民自治の成果を一つの形で表したものが議員提案条例であると考えると、条例改正を検討する段階から、平行して市民の巻き込みを図ることが、一部改正条例でも有効です。

　また、パブリック・コメントについても新規制定条例と同様です（本書49頁参照）。

　このような形で、集めた市民の意見をもとに改正案を決定します。

 議会への提案等

　次に、改正案を議会に提案するプロセスに入ります。基本的にここからは、新規条例を提案する手続と全く同様です。①議会運営委員会への付議→②本会議への提案・提案理由説明、質疑、討論→③委員会への付託→④本会議での委員長報告、質疑、討論のプロセスを経て条例が成立するのが通常です。委員会提案の場合は、③の委員会への付託が省略されます。

 改正条例の公布、施行のための引き継ぎ

　条例の成立後の手続についても新規制定条例と同様です（本書55頁参照）。なお、一部改正条例が、当初制定の時点で首長提案の場合で、改正内容に首長が不服の場合に再議の手続に入ることも想定されますので留意する必要があります。

6 条例を議員提案で一部改正することで住民、議会に多面的なメリットを！

　議員提案による条例の一部改正には、次のような多面的な意義が認められます。一部改正条例の立案、検討を通じて、様々なメリットを住民と議員が享受することにつながり、議論する議会、元気な議会の形成に資することができると筆者は考えます。

自治体の硬直的な政策運営をより柔軟化させること

　首長提案の条例が「硬性条例」化しやすい傾向の中で、議員側からの柔軟な発想で条例の一部改正を提案することにより「軟性条例」化を促し、自治体全体として PDCA サイクルviをより的確に回すことにつながると同時に、議会のチェック機能を高めることになります。

2 自治体の政策全体に対する議員側の理解に資すること

　条例化されている政策は、実施期間が予算に連動せざるをえない「予算事業」と異なり、政策としてより基本的で持続性のあるものが通常です。これらの条例を見直す作業を通じて、自治体全体の政策を概観することになり、今後の議員の政策立案にも役立つものとなります。

3 首長との緊張関係の維持に資すること

　我が国の自治体議会では、首長との関係において、オール与党化しているところが依然として多いのが現実です。こうした中で、首長の運用する条例

を議員提案により見直し、一部改正することは、首長の政策の一部を是々非々で評価することにつながり、いい意味での首長と議会との緊張関係を現出させることとなり、他の分野でも有効な熟議を促進するものと考えられます。

4 住民の細かいニーズを反映した政策のカスタマイズにつながること

　議会、議員は、首長に比較して、住民の細かいニーズを政策として事業化できる立場にあり、その具体的方法として一部改正条例は有効です。住民ニーズに対応した条例改正を行うことにより、自治体の政策全体を個々の住民のニーズに合わせてカスタマイズできる可能性が広がることにつながります。

---

i　総務省「地方自治月報」59号（平成28年4月1日〜平成30年3月31日）のデータをもとに筆者が集計したものです。同月報中「委員会提案」による条例は、議員提案条例に含めて集計したものです。

ii　予算についての議案提出は、自治法112条1項により議員には認められていません。また、組織については、行政実例ではありますが、部局等の設置条例に関し「条例の発案権は、知事のみこれを有する」（昭和28年1月7日自丙行発1号）、「議会は、部の設置に関する条例を修正しうるが、その範囲は地方自治法第158条（内部組織の編成）第1項及び第2項の趣旨を逸脱できない」（昭和28年1月21日自行行発18号）とされています。

iii　例えば、2019年10月に召集された第200回臨時国会では、いわゆる妊産婦の産後ケア事業を市町村で実施することを規定した「母子保健法の一部を改正する法律」が衆議院厚生労働委員長提案（衆法）で成立しましたが、改正対象の母子保健法は、もともとは1965年8月に成立した内閣提案の法律（閣法）でした。

iv　神奈川県法規データ提供サービス（https://www3.e-reikinet.jp/cgi-bin/kanagawa-ken/d1w_startup.exe）参照。

v　鎌倉市例規集・要綱等集（https://www.city.kamakura.kanagawa.jp/soumu/kokuji/documents/reiki.html）参照。

vi　Plan（P）－Do（D）－Check（C）－Action（A）の組織マネジメントの仕組みを示す用語。

第5章

首長提案の条例議案の議員修正をどのようにするか

（議員修正プロセス編）

【第5章のポイント】

(1)　首長提案の条例案を修正することは議会での議論を深めることにつながる。

(2)　条例案の議員修正は議会の会期内に迅速に行う必要があるため、周到な情報収集と準備、他の議員との連携が必要である。

(3)　委員会での修正動議の提出に際して、「議員間討議」を含めることにより、透明性の高い議論が可能となる。

1 首長提案の条例案の議員修正で議会の議論を深めよう

　議会は、しばしば「言論の府」と称されます。広辞苑によると、「言論」とは「言語や文章によって思想を発表して論ずること」、「府」とは「事物や人の多く集まる所。みやこ。転じて、物事の中心」を意味するとされます。つまり、議会とは「地域の多様な意見や考え方の人々が多く集まり、活発に議論が行われる中心となる場」ということと解されます。

　しかし、今なお地方議員の中には、任期中一度も一般質問に立たない議員が多数いるといわれています。つまり、自ら「言論の府」に身を置きながら、議論することに背を向けている議員が数多くいるということです。

　なぜ、議論することをしない地方議員が多くいるのでしょうか。これには、「意識の問題」と「スキルの問題」の二つの要因があると筆者は考えます。

　第1の要因である「意識の問題」については、議員も政策で評価される時代に移行しつつある状況下において、徐々に意識の改善が高まっていくことを期待します。

　第2の要因が「スキルの問題」です。地域や住民にとって有用な議論をするためには、首長の政策が住民のニーズを踏まえているか、両者間のギャップを測る「ものさし」を各議員が持っていることが重要です。首長の政策は、具体的には予算や条例などの議案の形で議会に示されます。つまり、議案の審査力が「ものさし」の役割を果たします。この「ものさし」が精密であれば、住民ニーズとのギャップを正確に測定することが可能となります。当然、すべての住民ニーズに対応することは限られた行政資源の中で難しい場合もあるので、そのギャップが許容できる場合とそうでない場合がありえます。許容できない場合は、一般質問などの質疑の中で首長の政策を質し政

策変更を求めたり、議員が対案を示し修正する場合もありえます。このように「住民ニーズと政策とのギャップを正確に測定して修正させるチカラ」が議員としての「スキル」ということになります。このスキルの究極的な形が、「議案を修正するスキル」です。議案を修正するためには「対案」が必要です。賛否を考えるだけではなく、「対案」を考えつくスキルが議会での議論を深めることにつながるのです。

2 議員修正のテクニック

では、議員修正は、どのように行えばよいのでしょうか。首長提案の条例議案の議員修正の一般的な流れは、概ね次のような形になります。

この流れは、条例議案以外の場合も同様と解されますが、ここでは条例議案の修正について述べます[i]（本書第9章 **2** **4** 参照）。

① 立案情報を収集しよう！

まず大切なのは、条例議案の情報を収集することです。特に自治体独自の政策的な内容を含む、いわゆる政策条例の場合、立案検討に多くの時間を要します。制度設計に当たり、外部の有識者による委員会等で審議する場合もあります。また、重要な意味を持つ条例の場合は、首長が記者会見等で制定について発表することも多くあります。当然、地元のマスコミも取り上げます。このような情報を見逃さないことが大切です。そして、継続的に検討状況を把握することが重要です。外部有識者の委員会等は、通常は会議の傍聴も可能であり、議事録も公開されます。これらにより検討状況は追跡可能です。また、議会での一般質問や委員会審議を通じて、検討状況や制定の方針等を質すことも大切です。

② パブリック・コメント等を分析する

最近の政策条例では、制度設計の検討の過程で、住民意見を把握するため、自治体のホームページなどでパブリック・コメントを行うことがほとんどです。また、住民説明会を行うこともあります。これらの情報も注視して

おきたいものです。

　パブリック・コメントでは、制度設計の具体的な内容が公表されることが通常であり、首長が提案しようとしている条例案のほぼ全容を把握することができます。また、パブリック・コメントが行われてしばらくすると、住民や利害関係者から寄せられた意見の内容とそれに対する首長サイドの回答が公開されます。これにより、住民たちが関心を持っている論点を把握することができます。住民たちが関心を持っている論点と議員自身の問題意識を確認し、議員としてのスタンスを検討することとなります。この段階で、会派内や議員同士で意見交換することも、チーム議会としての政策論議に通じるものであり重要なプロセスです。

　また、パブリック・コメントの手続を始める時点では、首長側では、条例案のいわば詳細設計を示した「条例案要綱」や「逐条解説」などの資料を通常はつくっています。パブリック・コメント後に案の内容に変更が生じることもありますが、これらの関係資料の提出を、議会事務局を通じて求めることも有効です。

 ## 議会前の議案説明会を活用しよう

　議会の開会前には、通常、全員協議会などの形式で、首長側から議会に対して、提出する議案の内容について「議案説明会」が行われます。この段階では、「条例案要綱」がほぼ確定しており、この条例案要綱をもとに説明が行われます。議案説明会では、自治体によっては、ある程度の質疑を行うことが可能な場合もあり、議員が問題と考える事項について質問することもありえます。また、議案説明会後に、議員個人又は会派などで関係部局の担当者に説明を求めることも可能です。

 ## 修正に関して議員間の議論で方針を検討しよう

　これまでに収集した条例案に関する情報をもとに、条例案の内容について検討をします。その際には、同じ会派の議員や当該行政分野に詳しい議員な

ど複数の議員間で十分な議論を行い、条例案の問題点を明確にして、修正の可否について方針を決定します。方針決定に当たっては、議会事務局の法務担当に相談し、その上で執行部の担当部局にも条例案の問題点を指摘し対応を確認したり、必要に応じて外部の専門家の意見を聴くことも大切です。また、条例の運用面の問題などはあるものの、修正を要さない場合もありえます。その際は、一般質問や議案質疑の際に運用面の課題を質すということも考えられます。

修正方針に従って修正案を作成し会派調整する

　会派内で修正の方針が固まった場合、具体の修正案の作成を行い、他の会派とも調整を始め、併せて正副議長、議会運営委員長、関係する常任委員長などに説明しておくことが必要です。

　具体の修正案の作成に当たっては、議会事務局の法務担当に起草又はチェックを依頼することも可能です。修正の具体的な方法としては、議案の一部改正をするのと基本的には同様です。一部改正の方法は、条例の一部改正の方法と全く同じです（本書第4章参照）。この場合、修正案の題名は「○○条例案に対する修正案」となり、修正の方法は、自治体により「改め文」方式と「新旧対照表」方式のいずれかを使用することとなります。

議事日程を調整する

　会派間の調整がつき、修正案が固まると、議事日程を検討します。修正案の提出は、本会議でも可能ですが、通常は、条例案の委員会審査の際に行われることから、委員会の議事日程を検討する際に調整します。修正案は、委員からの修正動議として委員会に提出されます。なお、修正動議は当該委員会に所属する議員が提出することとなるので、修正案の検討メンバーには、当該委員会の所属議員が含まれている必要があります。また、委員長や議会事務局とあらかじめ協議し、議事の進行シナリオである次第書の作成の際に、修正動議が提出されることを想定した次第書を議会事務局でも作成して

おく必要があります。このような準備をした上で議会の開会を迎えます。

 ## 本会議で質疑等により趣旨を確認する

　議会が開会されると、執行部側の提案理由説明が行われ、提案理由説明に対する質疑が行われます。また、一般質問も行われます。条例案の修正に当たり、これらの質疑や一般質問の際に、提案されている条例案の課題について、首長側と議論しておくことも大切です。

 ## 委員会で修正動議を提出する

　条例案が委員会に付託され、所管委員会で審議をする際に、いよいよ修正動議を提出することとなります。修正動議の提出に当たっては、委員会審議において執行部側と議案について十分に議論した上で動議を提出します。その結果、修正案が可決された場合、提案された条例案に修正案が溶け込んだ状態で条例案が可決されることとなります。

　修正案について、議論を深めるために委員会の場で「議員間討議」を活用することも考えられます。議員間討議は、通常の「議員対執行部」という質疑応答の形式とは別に、議員間で議論してよりよい方向性を議会が決めようとするものです。議員間の議論や協議は従来は「根回し」的に非公式に行っていたものを、公式の「委員会」の場で行うものです。傍聴も可能で議事録も残されますので、議論の透明性確保という点では有効な方法です。議員間討議の際に、執行部職員の退席を求めるかどうかは、それぞれの議会の慣行や事案により異なります。

 ## 本会議で委員長報告と採決を

　委員会後に開催される本会議では、所管委員長が修正の内容・審議経過を報告します。その後、委員長報告への質疑、討論、採決が行われ、可決されれば、修正された条例が成立することとなります。

3 | 議員修正の意義

　二元代表制の観点から、条例案の議員修正の意義として次のようなことが考えられます。

議会のチェック機能を高め、政策形成サイクルを活性化すること

　議員修正は、自治体政策に対して議会が有する作用の中で、首長から提案された条例議案について、単に可否を決するのではなく、その内容をチェックし、改善提案としての修正案（対案）を提示するものであり、議会の政策形成のサイクルを実質的に回すものです。

　その意味で議会の存在意義を高め、住民自治の向上に資する作用があるといえます。

「議論する議会」へのツールとなること

　議員修正を行うためには、当然ながら、議案に対して十分に内容を検討し理解した上で、対案を出さなければならなりません。そのためには、対執行部の議論と同時に、議会内の議員間、会派間の熟議が必要です。議会での熟議の様子は「議員間討議」などの形を取り入れることにより、住民にも見える化することができます。このように、議員修正は、対象となる議案をめぐって具体の議論を活性化させる効果を持ち、空中戦になりがちな議会での議論を地に足の着いたものにするツールともなるといえます。

住民にわかりやすい議会につながること

　自治体の首長と比較して、地方議会での議論は住民にとって身近であるにもかかわらず、その内容がわかりにくい側面があります。しかし、議員修正を通じて議会での議論が活性化し、首長と議会それぞれが政策論議を深め、議会での議論を住民にも身近に感じられる契機になる可能性があります。そしてそれが、住民にもわかりやすい議会、ひいては二元代表制のメリットを地域経営に生かすことにもつながると考えます。

---

i　予算議案の修正の際には、増額修正と減額修正の場合の取扱いや再議の手続、修正の表現形式などが条例議案の場合と異なります。

第**6**章

法規範としての条例を立案するときにどのようなことに注意すべきか（条例立案のお作法編）

【第6章のポイント】

⑴ 議員提案条例は、議員の政策を制度化させるものであると同時に、裁判規範としての効力を持つものであり、一定の法令としての内容を具備する必要がある。

⑵ 立案に当たっては、立法事実の確認、最小限の規制、他に重複する法令がないかなどを、まずチェックしよう。

⑶ 国の法令との調整は、条例の目的と規制対象から考えよう。

⑷ 制定目的に応じて、規制、誘導、合意形成など、各種の手法を実体規定の中に織り込もう。

⑸ 罰則、公表等の実効性確保手法を持つ条例には細心の注意を払おう。

【議員立案条例で注意すべき立案上のテクニック】

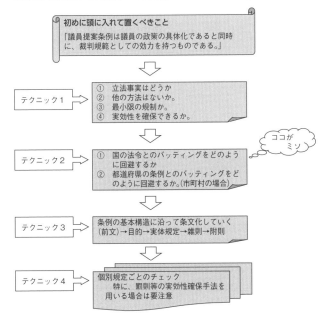

1 初めにチェックすること

　前章まで、議員提案条例を制定する際の立案のプロセスを中心に概略を解説しました。ここでは、条例を立案する際に注意すべき留意事項のうち、最も基本的なものと考えられる事項について簡単に紹介します。

立法事実はどうか

　立法事実とは、条例を制定する際の根拠となる事実です。

　例えば、北海道は2003年3月「北海道プレジャーボート等の事故防止等に関する条例」を議員提案により制定していますが、これは、直接的には2002年9月にサロマ湖で発生した遊漁船転覆による死亡事故がきっかけとなり、プレジャー・ボートによる水難事故防止対策を条例化したものです。また、横須賀市では2017年12月に「横須賀市不良な生活環境の解消及び発生の防止を図るための条例」を制定し、いわゆる「ごみ屋敷」に対する対応を定めていますが、これも市内の「ごみ屋敷」に対する周辺住民の困りごとから制定されたといわれています。このように、条例制定するためには、条例化の契機となる事実があり、そのうち条例でなければ対応できない必要性を示す事実が必須です。これが立法事実です。

　条例を制定するためには、立法事実が住民や議員から十分に納得されることが必要です。「他の都道府県でも条例を制定しているから」とか、「関係団体から要望があったから」というだけではなく、その地域の中で、条例を制定しなければならない理由があるか、また条例制定により具体的な住民生活上のメリットがあるかなど、事実に即した検証が必要です。

条例化以外に方法はないか

　これは、行政法上のいわゆる「補充性の原則」と呼ばれる考え方に由来するものですが、条例も一種の規制と考えれば、本来自由であるべき住民生活の中にむやみに条例をつくることは好ましいことではありません。条例制定をする以外に他の方法が存在し、その方法がより規制的でない場合は、条例を制定することは適当ではありません。議員提案条例においても、条例化以外に他に有効な方法がないことを確認する必要があります。

 必要最小限の規制か

　これも、行政法上のいわゆる「比例原則」に由来する考え方ですが、行政機関が行う行為は、場合により公共の秩序を維持するために住民の自由や財産に制限を加える権力的な作用を持つこともあります。伝統的な行政法の考え方では、行政の権力的な作用が市民の自由を脅かす危険性もあるとの考え方から、行政の作用が必要以上に強くならないよう、抑制しようとする考え方があります。

　そのため、行政機関が執行する条例についても、規制措置を設ける際には、住民の自由な生活を過度に規制しないよう、目的と手段が比例していることが求められ、過剰な規制は避けなければなりません。例えば、反社会性のそれほど高くない行為を規制するために、必要以上の重罰を科すことなどが、この場合に該当します。

　議員提案条例の立案に当たっても、制定しようとする条例の内容が、立法目的からみて必要最小限の規制に留めるよう注意する必要があります。

 条例の実効性は確保できるか

　条例を制定する際には、社会一般の目からみて意味のある制度であることが求められます。例えば、規制措置を内容とする条例の内容の場合、目的とする違反行為を取り締まるのが事実上ほとんど不可能な手段・方法であった

り、費用対効果の観点から運用のためのコストに比して効果があまりないようなもの、取り締まりに当たり極端な不公平が生じる怖れがあるものは、法的な実効性の薄い条例となります。罰則を伴う場合は、特に実効性の確保が重要です。

　議員提案条例の場合も、実際に運用する場面をシミュレーションしてみて、条例の実効性がどの程度あるかどうか、よく検討することが必要です。

国の法律等との調整はどうか
（国の規制以上の規制を設ける場合のテクニック）

　憲法94条では「地方公共団体は、……（中略）……法律の範囲内で条例を制定することができる」と定められており、これを受けて自治法14条１項では「普通地方公共団体は、法令に違反しない限りにおいて第２条第２項の事務に関し、条例を制定することができる。」とされています。ここで、「法令」とは法律及びその委任を受けた政令、省令を指します。また自治法２条２項の事務とは、いわゆる地方公共団体の「自治事務と法定受託事務」を示します。

　これらのことから、条例では、国の法律の範囲を超えたり、法令に違反した制度を設けることができない、ということになります。ここで「法律の範囲」や「法令に違反しない」とは、どのような意味なのでしょうか。

　実は、条例を制定する場合に、しばしば直面する実務上の最大の問題が、「いかにして条例の規定を国の法令に違反しないように立案するか」という問題です。前述のように、わが国ではすでに多くの法律が定められており、自治体が新たな規制を条例で定める場合、何らかの法令に抵触又は重複する可能性が高いと考えられます。

　従来、実務的には、国の法令に違反するかどうかは「法律先占理論」と呼ばれている考え方を基準にしていました。すなわち、条例は国の法令が先んじて定めている先占領域に関しては制定することができないということです。また、国が法令の規定を設けていない領域（この領域を「白地」ということもあります。）は、国が規制しないスタンスであり、自治体が条例で規

制することはできないとされてきました。しかし、この「先占領域」かどうかの解釈は実際のところかなり難しい面があります。先占領域かどうかの具体的な判断が必要な場合は、いわゆる「上乗せ条例」と「横出し条例」と呼ばれる条例の規定に関するものです。

　上乗せ条例とは、法令と同じ規制対象に対して、法令以上の規制レベルを設ける条例をいい、横出し条例とは、規制対象が法令より拡大されている条例をいいます。例えば、環境関係の条例などで、国の法令と同じ規制対象に対して、国の環境基準より厳しい基準を定める場合が「上乗せ条例」で、国で規制対象となっていない物質を規制対象とする基準を設けている場合などが「横出し条例」です。

　それぞれ、適法とされる場合が異なりますので、条例を立案する際には、条例が法令の範囲内に収まるよう各種の検討をする必要があります。それぞれの場合に、条例を法令の範囲内に収める方法について簡単に解説したいと思います。

ア　上乗せ条例の場合の立案テクニック

　上乗せ条例の場合、法律の趣旨が、全国統一の規制を定めるものか、あるいは全国の最低基準を定めるものかで自主的な条例制定の余地は違ってきます。

　法律の趣旨が全国統一の規制を定める趣旨と解釈される場合は、法律より厳しい規制はできません。したがって、この場合は、正面から法律と抵触等をしないよう、条例の目的や規制の仕方を、法律とは違うものにすれば、上乗せ条例の問題をクリアすることができます。

　一方、法律の趣旨が全国の最低基準（ナショナル・ミニマム）を定める趣旨と解釈される場合は、地域の実情に応じて法律に基づく規制レベルを超える規制措置を条例で設けることが可能です。この場合は、地域の特殊事情を十分に説明できる立法事実が存在し、条例制定の必要性が説明できれば一応可能です。

　しかし、実際に法律の趣旨がナショナル・ミニマムを示すものかどうかは、わからないことがほとんどです。水質汚濁防止法29条には、法律と条例

の関係を調整する規定を設けている例がありますが、このように明示的に上乗せ条例を許している立法例は、かなり少ないといってよいでしょう。したがって、上乗せ条例を制定する場合には、相当の立法事実の確認と、国や執行機関の担当課との調整、学識経験者の参考意見聴取など、条例制定についての理論武装を十分にすることが必要です。

【図】法令と条例の関係のイメージ

規制レベル

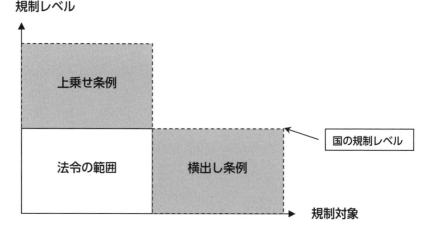

【参考法令】水質汚濁防止法

（条例との関係）
第29条　この法律の規定は、地方公共団体が、次に掲げる事項に関し条例で必要な規制を定めることを妨げるものではない。
(1)　排出水について、第2条第2項第2号に規定する項目によつて示される水の汚染状態以外の水の汚染状態（有害物質によるものを除く。）に関する事項
(2)　特定地下浸透水について、有害物質による汚染状態以外の水の汚染状態に関する事項
(3)　特定事業場以外の工場又は事業場から公共用水域に排出される水に

ついて、有害物質及び第2条第2項第2号に規定する項目によつて示される水の汚染状態に関する事項

(4) 特定事業場以外の工場又は事業場から地下に浸透する水について、有害物質による水の汚染状態に関する事項

イ　横出し条例の場合の立案テクニック

　横出し条例の場合、目的や規制対象が関連する法律と異なる場合で、法律が規制対象としていない部分について特段の考え方を示していない場合は、一応、法律より広範な規制を設けることは可能です。

　しかし、合理的な理由もなく法律の規制と著しく均衡を失している場合や、法律が規制の拡大を認めない趣旨と解される場合は、条例の目的や規制対象が法律と異なっていても条例を制定することはできないと解されます。

　したがって、この場合も、やはり横出し条例を制定しなければならない明確な立法事実を説明できるようにし、特に、法律と異なる規制をすることに社会的なコンセンサスを得られるような合理的な理由を明確にしていくことが必要です。

 ## 都道府県条例と市町村条例との調整はどうか
（都道府県の規制以上の規制を設ける場合のテクニック）

　自治法2条16項では、「市町村及び特別区は、当該都道府県の条例に違反してその事務を処理してはならない。」とされており、市町村は都道府県条例に違反した条例を制定することはできないとされています。

　この場合の「都道府県条例に違反しているかどうか」の考え方も、基本的には、法律と条例の関係と同様なことがいえます。すなわち、条例の目的や規制対象から判断し、それぞれ、上乗せまたは横出しがある場合、市町村条例が都道府県条例と矛盾しない合理的な説明が可能かどうかで判断されます。

　なお、分権改革以降、市町村の基礎的自治体としての役割に鑑み、都道府

県は市町村の補完的な役割を果たすべきであるとの考え方から、あらかじめ都道府県条例の規定の中に「市町村条例との調整」のための規定を設けるケースが増えてきています。「市町村条例との調整」のための規定とは、「市町村条例が都道府県条例と同様な規定を設ける場合は、市町村条例が適用される」旨の規定で、これにより都道府県条例と市町村条例が重複する場合の課題を立法的に解決しようとするものです。もちろん、この「市町村条例との調整」のための規定を設けなくても、解釈上、都道府県条例は県全体のナショナル・ミニマムを規定する趣旨とされ、なおかつ、市町村の地域事情に応じて都道府県条例と異なる規定を設けることに合理的な理由が存在する場合は、有効と考えられます。

【参考法令】地方自治法第2条第16項

> 第2条　（中略）
> 16　地方公共団体は、法令に違反してその事務を処理してはならない。なお、市町村及び特別区は、当該都道府県の条例に違反してその事務を処理してはならない。

2 条例の基本的な構造を知ろう

1 条例を形づくる要素と順序

　前の項では、条例を立案する前に注意すべき一般的な、主なチェックポイントについて解説しましたが、ここでは、条例を具体的に立案する際にあらかじめ頭に入れておくべき、条例の基本的な構造についてふれておきたいと思います。一般的には、条例は次のような要素、順序で成り立っています。

　これらのうち、本則では目的規定、具体的な内容を表す規定、附則では施行期日の規定は条例として最低限必要な規定です。

【参考】条例の要素と順序

①　前文
②　本則
　（総則）
　　　目的規定【必須】
　　　定義規定
　　　責務規定
　（実体規定）
　　　基本理念を表す規定
　　　制度の具体的な内容を表す規定（規制、誘導など）【必須】
　（雑則）
　　　指導・監督規定
　　　立入調査・書類調査規定

措置命令規定

公表規定

罰則規定（刑事罰、行政罰、両罰規定など）

（補則）

委任規定

③　附則

（施行期日）【必須】

（経過措置）

（関係条例の改正）

（制度の特例措置）

「前文」は住民に対するメッセージとして活用しよう

　最近、政策的な意味合いのある条例には「前文」が付けられている場合があります。法制執務的には、前文は法的な面での直接的効力を有するものではないとされますが、法令の一部をなすものであり、各条項の解釈の基準を示す意味があるとされています。内容としては、条文に書ききれない、条例制定の基本的な考え方、現状分析、制定経緯、制定の必要性などが規定されているものが多いようです。

　条例の中で圧倒的な割合を占める法定受託事務や法律の定めのある自治事務に関する条例では、前文のあるものはほとんどみられません。しかし、分権改革以降、自治体固有の自治事務に関するもの、特に「〇〇基本条例」という名称のものには、前文が付いている例が多くなっています。

　議員提案条例の立案の側面からみた場合、条例の本則では表現しきれない、条例制定の政策的な意図を、住民に対して明らかにするものとして、特に、政策理念的な内容の条例では有効な方法のひとつです。また、前文も条例の一部ですから、立案に当たっては、政治的な主張や偏った考え方に基づくのではなく、住民に条例制定の趣旨が理解されるよう、平明な言葉で普遍的な価値観に基づく内容を規定することが望ましいと考えます。

「目的」規定は実体規定との関連性に注意しよう

　条例の第1条には、通常、目的規定または趣旨規定が置かれます。目的規定は、その条例の制定目的を簡潔に表現したものであり、後に続く各条項の目的論的解釈の指針を示すものとなります。これに対して、趣旨規定は、極めて簡単な条例や法律の施行条例的なものなどに設けられます。議員提案条例の場合は、自治体固有の事務に関する内容について条例化するのが普通でしょうから、目的規定を設けるのが一般的と考えられます。

　目的規定には、①直接的な目的、②その達成手段、③さらに高次の理念的な目標の3段階のことが規定されるものが一般的です（下の【参考】参照）。

　議員提案条例で目的規定を検討する際には、政策的な意図を強く意識するあまり、高邁な目的が並び、その後の各条項との関連性が薄くならないよう、注意することが必要です。目的規定は、条例全体の目的を表し、条例全体の解釈の指針となるものですから、各条項とかけ離れたものとならないよう、特に、各条項で規定されている政策の達成手段の目的と内容が大まかに表現されていることが望ましいと考えられます。このため、条例全体の条文化が終了してから、再度見直してみるのもよい方法です。

【参考】目的規定の規定の仕方（例）

（目的）

第1条　この条例は、……（①直接的な目的）のために、○○○及び▽▽▽（②達成手段）に関し定め、もって、×××（③さらに高次の理念的な目標）に資することを目的とする。

 都道府県条例での責務規定では市町村との関係に注意しよう

　責務規定とは、条例の中で、条例がめざす目的に対して自治体、事業者、

住民などのそれぞれの役割、責任などについて、抽象的な努力義務として規定しているものです。最近、環境、情報公開、男女共同参画、産業振興などの分野では、自治体だけでは、政策目的の達成が困難で、住民、事業者などとの協働が不可欠となっている場合が多く、それぞれの役割分担について規定しているケースが増えています。

　責務規定の内容は、抽象的な努力義務に留まる場合がほとんどであり、自治体に対するもの以外は、直接的な法的効果はありませんが、特に、都道府県条例で市町村の責務を定める際には配慮が必要です。

　分権改革により、都道府県と市町村は対等協力の関係とされ、以前のように都道府県は市町村に対して、統制的な内容を強いる条例（統制条例）を定めることができないこととなりました。この点を配慮すると、都道府県条例で市町村の責務を一方的に定めることは好ましくありません。都道府県条例で市町村の責務を規定する場合は、条項の見出しを「（市町村の役割）」や「（市町村との連携）」とするなど、市町村と連携しながら役割分担を進める趣旨を表現することが適当です。

3 実体的な規定の主な内容にはどのようなものがあるか

　条例の実体的な中身となる規定には、どのようなものがあるのでしょうか。条例の制定目的（政策目的）を達成するためには、一定の手段（行政手法）が必要です。条例の実体的規定の内容は、このような政策目的達成のための行政手法を制度化したものです。

　もちろん、自治体の政策目的達成のための行政手法をすべて条例化しなければならないというわけではありません。行政手法のうち、条例化すべきものと、条例化しなくても実施できるものの区分については、立法実務では伝統的な「住民の権利義務に直接関わるものは条例の規定が必須である」（侵害留保説）との考え方が一般的でした。しかし、分権改革以降の制定事例をみると、住民の権利義務に直接関係がなくても、住民の関心が高く、または住民にアピールすべき自治体の重要な政策については、条例化すべきであるとする考え方（重要事項留保説）に基づくと考えられるケースが増えてきています。

　特に地方議員の場合、議会は行政の実施主体ではないので、自らの政策を直接的に首長に実施させる手段としては、議員提案条例を制定するしかありません。また、住民の代表としての地方議員の性格からみても、住民の面前の議会という場で制定される条例により、自治体の重要な政策実施の形がみえることは、住民にとっても、議員にとっても望ましい姿だといえます。

　では、行政手法として条例に規定される内容には、どのような類型があるのでしょうか。条例に規定される行政手法の類型には、主に次のようなものがあるといわれています。通常、条例の中ではこれらの手法を単独または複合的に用いています。それぞれについて、簡単にふれてみましょう。

規制的手法

　最も伝統的な手法で、公権力の行使として条例に規定される手法です。例えば、許認可、届出制、登録確認、行為の禁止や義務付けなどが含まれます。行政処分としての性格を持つ場合が多いので、基本的人権や適正な行政手続の保障の観点から条例の立案には注意が必要です。

誘導的手法

　住民や事業者に対して、経済的利益やその他の面でのインセンティブを増大させたり、減少させたりすることにより一定の方向に誘導する手法です。例えば、経済的インセンティブとしての補助制度や政策税制（環境税など）、特定の行為や事業へのインセンティブを高めるものとして認証・認定制度（リサイクル品推奨制度など）などのほか、行政計画の策定や、団体の育成なども誘導的な側面を持っています。

合意形成的手法

　住民や利害関係者と協働しながら、一定の方向に向けようとする手法です。例えば、利害関係者等との協定や契約による手法、パブリック・コメントによる住民の意見表明手続、住民投票制度などが含まれます。住民意識の高まりや行政の住民満足を重視する考え方の普及などを背景にして、今後、行政への住民参画の手法として新たな展開が見込まれる手法です。

民間活力活用手法

　行政サービスに民間活力を導入する手法です。例えば、行政サービスの民営化や公共施設の民間委託、PFI の導入、住民組織や NPO（特定非営利活動法人）との協働などがあげられます。最近では、公の施設の指定管理だけではなく、総合計画の策定を NPO に委託したり、公園等の整備計画の立案

全体を住民組織に委託するなど、ソフト事業への展開もみられます。

実効性確保手法

　通常は規制的手法の実効性を担保する手法として用いられます。例えば、罰則を設ける手法や、行政命令、公表制度、行政上の強制執行制度などが含まれます。

紛争処理手法

　住民相互に紛争が起こりやすい事項について、行政が中立的立場で調整する手続をあらかじめ定める手法です。例えば、大規模な土地利用や施設建設に関する事前調整、消費者保護行政の中の苦情処理制度などが含まれます。この手法も今後、住民参画の手法と相まって新たな制度の展開が見込まれる分野です。

4 その他の条例立案の お作法・中級編

 政策理念条例では「基本理念」、「計画」、「施策」、「議会報告」をセットで盛り込む

それでは、実体規定の個別の立案の際の手法について若干考えてみましょう。まず、政策理念を規定することを中心とした条例の場合です。

議員提案条例では、いわゆる政策理念条例が比較的多くみられますが、このような条例では、実体的・具体的内容を示す規定が少ないため、条例を制定する意義が表現しきれない場合があります。

そこで、できるだけ「理念」の羅列にならないよう、実体的な意義のある規定を盛り込む工夫をすることが望ましいと考えます。例えば、次頁に示した「みやぎ海とさかなの県民条例」（議員提案条例）のように、「基本理念」、「計画の策定」、「施策の方向」、「議会への報告」などの規定を一連のものとして条例に盛り込むのもひとつの方法です。つまり、条例の中に「基本理念」を掲げ、その実施のための「計画」の策定、計画策定の際に留意すべき「施策」の方向や分野などの規定を設けることにより、PDCAサイクルの流れを条例にビルドインし、一定の方向性を持った具体的な施策の実施を首長に対して求めることができます。また、実施した施策の状況に関し「議会報告」や「住民への公表」を求める規定を設けることにより、議会によるチェックと住民への説明をより徹底させることが可能となります。

このほか、政策理念条例の場合、施策の実施体制の整備、財政上の措置などを含む場合もあります。また、計画策定に当たり、住民や事業者などの意見聴取の規定を設けるなど、住民参画に関する配慮を組み入れた条例もみられます。

（基本理念）

第3条　水産業の振興は、水域環境の保全や水産資源の持続的な利用を図り
ながら、本県が国内の水産物の供給の拠点として、将来にわたって安全か
つ良質な水産物を安定的に供給できるよう推進されなければならない。

2　水産業の振興は、水産業が地域社会を支え、その活性化に貢献する活力
のある産業として発展するよう、地域の特性を活かした収益性の高い健全
な経営の確立並びに組織及び後継者の育成を旨として推進されなければな
らない。

3　水産業の振興は、漁業地域が自然と共生し、多面的な機能を十分発揮す
る地域として発展するよう推進されなければならない。

（県の責務）

第4条　県は、前条に定める基本理念（以下「基本理念」という。）に基づき、
水産業の振興に関する総合的かつ計画的な施策を策定し、及び実施する責
務を有する。

（中略）

（基本計画）

第7条　知事は、水産業の振興に関する施策の総合的かつ計画的な推進を図
るため、水産業の振興に関する基本的な計画（以下「基本計画」という。）
を定めなければならない。

2　基本計画は、次に掲げる事項について定めるものとする。

（1）　水産業の振興に関する中長期的な目標

（2）　水産業の振興に関する基本的な方針及び計画的に講ずべき施策

（3）　前号に掲げるもののほか、水産業の振興に関する施策を総合的かつ
計画的に推進するために必要な事項

3　知事は、基本計画を定めるに当たっては、あらかじめ、県民の意見を反
映することができるよう必要な措置を講じなければならない。

4　知事は、基本計画を定めるに当たっては、あらかじめ、産業振興審議会

条例（平成12年宮城県条例第109号）第1条第1項に規定する宮城県産業振興審議会の意見を聴くとともに、議会の議決を経なければならない。

5　知事は、基本計画を定めたときは、遅滞なく、これを公表しなければならない。

6　前3項の規定は、基本計画の変更について準用する。

（水産業の振興に係る主要な方策）

第8条　県は、基本理念の実現に向けて、次に掲げる方策を実施するものとする。

（1）　安全で良質な水産物を安定的に供給するため、生産及び加工流通施設の整備等により品質の向上及び衛生管理の高度化を図るとともに、消費者への情報提供を促進すること。

（2）　将来にわたって、水産物を持続的かつ安定的に利用するため、水産資源の適切な保存及び管理、水産動植物の増殖及び養殖の推進、水産動植物の生育環境の保全及び改善並びに秩序ある漁場の利用を図ること。

（3）　健全かつ活力ある水産業を構築するため、技術の研究開発及び普及、効率的かつ安定的な経営体の育成、人材の育成及び確保、労働環境の整備、女性の参画、高齢者の活動の促進並びに水産業に関する団体の育成強化を図ること。

（中略）

2　県は、水産業の振興に関する施策の総合的かつ計画的な推進を図るため、国に対して必要な施策の実施について働きかけるものとする。

（中略）

（議会への報告等）

第11条　知事は、毎年度、水産業の動向及び水産業の振興に関して講じた施策を議会に報告するとともに、県民に公表するものとする。

「公表」規定には適正手続に配慮を

　環境や消費者保護などの分野を中心に、自治体では条例が定める義務付けを遵守しない者の氏名や法人名などを公表する制度が広く活用されています。公表には、2つの法的側面があるといわれています。第1は「住民への情報提供」の性質です。すなわち、一般住民に広く関係のある環境や消費者保護行政などの分野では、条例違反の行為により住民に被害が及ぶ危険性があるので、その違反事実を公表し、住民の注意を喚起しようとするものです。第2は「違反への制裁または条例遵守の間接強制」の性質です。すなわち、違反者の氏名等を公表することにより、行為者の羞恥心に訴え、行為者に対する制裁の意味や、これから違反行為をする可能性のある者に対して条例を遵守させる方向へと間接的に強制する意味を持たせようとしていることです。

　これらのうち、制裁や間接強制の手段としての公表については、誤った事実が公表された場合の救済措置が限られることや、複数の事業を行っている事業者の場合には違反行為とは無関係の事業分野でも営業上の支障が出る可能性があることなどから、適用については十分慎重な対応が要求されます。その点で、公表制度を条例に盛り込む場合にも、あらかじめ条例の中で手続きの慎重を期する規定を設けている場合が最近みられます。

　具体的には、第1は「指導や勧告を前もって行う規定を設けること」です。違反行為があった際に、即公表するのは、全くの不可抗力や軽過失による違反の場合も、故意に違反行為をする場合と同様に扱うこととなり公平を失することとなります。そのため、通常は違反行為があった場合は、前もって違反行為の是正について「指導・勧告」を行い、違反事実を認識させた上で、なおかつ違反行為を重ねる場合に公表するという制度設計をします。

　第2は「指導や勧告後の公表について、さらに弁明の機会の供与に関する規定を設けること」です。これは、公表は、結果として制裁として行われる側面もあることから行政処分に「類似」した効果を持つため、適正な手続きの保障を行おうとする趣旨です。次頁の【参考】は、弁明の機会の供与について規定されている事例です。

議員提案条例の場合でも、このような違反行為者に対する適正手続きの保障の側面について認識しておく必要があります。

　なお、2020年の新型コロナウィルス感染症の蔓延に際し、いわゆる新型コロナ特別措置法（新型インフルエンザ等対策特別措置法）に基づく非常事態宣言が発せられ、大阪府知事等は、同法45条2項に基づく休業要請に応じないパチンコ事業者等に対して、同条3項に基づく指示を行い、同条4項による公表を行いましたが、公表後も指示に従わない事業者がおり、制度の実効性担保が議論となりました。これは制裁的な意味を有する公表には、一度公表してしまえば効果が持続しないという、従来から指摘されていた「公表」制度の限界によるものです。しかし、この場合も、毎日の営業行為を別個の行為とみなせば、「指示」を何度も行うことは制度上可能であり、その度ごとに「公表」を秩序罰的に行う運用も可能と解されます。たとえば、このような運用の工夫をすることが、公表制度が持つ限界を多少補うことになるのではないかと考えられます。もちろん、その際も相手側の弁明の機会を供与するなどの適正手続的な配慮は必要と考えます。

【参考】公表の際の勧告、弁明の機会の供与を設けている事例
　　　　岩手県県外産業廃棄物の搬入に係る事前協議等に関する条例（平成14年岩手県条例第74号）

（県外産業廃棄物の搬入事前協議）
第2条　その事業活動に伴い県外において産業廃棄物を生ずる事業者（廃棄物の処理及び清掃に関する法律（昭和45年法律第137号）第12条第5項の中間処理業者を含む。以下「県外排出事業者等」という。）は、県外において生じた産業廃棄物（以下「県外産業廃棄物」という。）の処理（収集又は運搬を除く。）を県内で行うため搬入しようとする場合は、その搬入を開始しようとする日の30日前までに、規則で定めるところにより、知事に協議しなければならない。ただし、規則で定める場合は、この限りでない。
　（中略）
5　　知事は、第1項の協議に係る処理（収集又は運搬を除く。）の内容が第3項の基準に適合しないと認めるときは、当該協議を行った県外排出事業者

等又は当該協議に係る県外産業廃棄物の処理を受託した産業廃棄物処理業者に対して、協議を受けた日から30日以内に搬入の中止、搬入方法の変更その他必要な措置を講ずるよう勧告することができる。

6 　知事は、県外排出事業者等又は県外排出事業者等から県外産業廃棄物の処理を受託した産業廃棄物処理業者が次の各号のいずれかに該当すると認めるときは、これらの者に対し、当該県外産業廃棄物の搬入の中止、搬入方法の変更その他必要な措置を講ずるよう勧告することができる。

（中略）

7 　知事は、前2項の勧告を受けた者がその勧告に従わないときは、規則で定めるところにより、その旨及びその勧告の内容を公表することができる。

8 　知事は、前項の公表をしようとするときは、当該勧告を受けた者にあらかじめその旨を通知し、その者に意見を述べる機会を与えなければならない。

規則等への委任は最小限に留めよう

　条例で技術的内容や運用の細部について全てを規定するのは、条例の規定を複雑難解なものとするおそれがあるので、事実上困難な場合があります。その場合、しばしば使われる立案テクニックとして、首長の定める規則や告示などに細かい内容を委ねる方法があります。

　条例を受けて規則等で定めることができる事項は、恣意的な条例の運用を防ぐ観点などから、次の2つの内容に限られています。すなわち、条例により明示的に委任された事項について規則以下に定める場合（委任命令）と、条例の円滑な執行を期するために運用の施行細目を定める場合（執行命令）の2つです。このうち、委任命令には環境関係の条例における環境基準や各種許認可における細かい許可基準などが該当し、執行命令には条例に定める申請書の様式や申請先などを定める場合が該当します。

　議員提案条例を立案する際には、議員が自らの政策を条例化するという性格上、なるべく規則以下への委任事項を減らすよう努める必要があります。

例えば「必要な事項は知事（市町村長）が定める」というような広範な委任は避けるのが望ましいと考えます。どうしても規則以下に委任しなければならない場合は、次の事項に注意したほうがよいと考えます。

ア　判断要素の少ない事項に限定して委任すること

　規則以下への委任がなじむのは、純粋に技術的事項や実施細目など、条例の運用に当たり政策的判断を要しない事項に限定していることが必要です。

イ　委任規定の前に例示や処理方針等を明示すること

　条例の中で、規則等へ委任するに当たり、いきなり「必要な事項は知事（市町村長）が規則で定める」のような広範な委任ではなく、「○○の観点から知事（市町村長）が規則で定める」のように、条例で規則以下に委任した考え方がわかるように、例示や処理方針などを示した上で委任規定を設けることが望ましいと考えます。

ウ　委任する法形式をなるべく明示して委任すること

　委任規定の表現として「○○については、知事（市町村長）が別に定める」という表現は極力さけて、「○○については、知事（市町村長）が規則（または告示等）で定める」というように、あらかじめ委任する法形式を定めておくことが望ましいと考えられます。すなわち「別に定める」と規定した場合、首長が内部的に定める「通知」や「要綱」なども含まれ、住民や議員には明示されないものにより運用されるおそれがあるので、住民に対して公表される規則や告示などに委任するほうが望ましいといえます。

エ　条例の制定後に規則等の内容を確認すること

　最後に、条例が制定された後に、首長が定めた規則等の内容を確認することをお勧めします。これにより、議員提案条例において、規則以下に委任した趣旨が活かされているかどうか確かめることができます。

過料を有効に活用しよう

　規制的な内容を含む条例の実効性を高める手段として、罰則を設けることが有効です。自治法14条３項では、「普通地方公共団体は、法令に特別の定めがあるものを除くほか、その条例中に、条例に違反した者に対し、２年以下の懲役若しくは禁錮、100万円以下の罰金、拘留、科料若しくは没収の刑又は５万円以下の過料を科する旨の規定を設けることができる」とされています。このうち、懲役、禁錮、罰金、拘留、科料、没収は刑事罰であり、罰則の適用は、司法手続きに基づき、警察による捜査、検察による起訴、裁判所による裁判を経た判決により刑事処分として行われます。

　これに対して、過料は刑事罰ではなく行政罰です。行政罰は刑事処分ではなく、行政処分の一種として行われますので、行政手続法の規定に従って適用されます。したがって、警察や検察、裁判所の関与を受けずに、自治体の場合は行政庁が単独で罰則の運用を行うことができるため、迅速な運用が期待できます。

　条例の中には、刑事罰を設けている例も数多くみられますが、条例違反の行為を行政庁が告発しても、刑事事件として捜査するかどうかは警察、検察の権限であり、刑事処分を科すための起訴をするかどうかは検察官の裁量に委ねられています。また、実際に起訴して、裁判で有罪が確定するまでには、証拠固めのための膨大な捜査資料の作成と裁判手続きのための労力と時間が必要となります。これらのことを考えると、刑事罰を持つ条例は、「条例違反により懲役などの刑事罰に問われるかもしれない」という心理的な予防効果を除けば、どの程度、実際的な機能を発揮しているかは疑問です。

　むしろ、行政処分として迅速な対応が可能な過料のほうが、制裁としての金額は高くありませんが、高い実効性を発揮できる場合もあります。例えば、次頁の【参考】に示した東京都千代田区のタバコのポイ捨てに対する過料制度などは、過料の有名な事例です。また、もちろん過料の場合は、刑事罰ではないので、条例制定の際の警察や検察との協議をしなくても法的には一応問題はありません。

　このように、規制的な内容の条例の場合、迅速な手続きにより条例の実効

性を担保できる過料制度の活用も、議員提案条例での政策ツールのひとつとして有効と考えられます。

（路上禁煙地区）

第21条　区長は、特に必要があると認める地区を、路上禁煙地区として指定することができる。

2　前項の指定は、終日又は時間帯を限って行うことができる。

3　路上禁煙地区においては、道路上……で喫煙する行為及び道路上（沿道植栽を含む。）に吸い殻を捨てる行為を禁止する。

4　（略）

5　（略）

　　　（中略）

（過料）

第24条　次の各号のいずれかに該当する者は、2万円以下の過料に処する。

（1）　（略）

（2）　第21条第3項の規定に違反して路上禁煙地区内で喫煙し、又は吸い殻を捨てた者（前号に該当する場合を除く。）

---

5 直罰には細心の注意を

通常、条例で罰則を設ける場合の規定方法としては、次の①〜③の規定をセットで用います。

① 　特定の行為の義務付けまたは禁止　（例：「○○をしなければならない」または「○○をしてはならない」という規定を設ける）

② 　①の義務付けまたは禁止に従わない者に対する命令　（例：「知事（市町村長）は、○○をしない者に対して、期限を定めて○○をすることを

命ずることができる」という規定を設ける）

③ 　②の命令に従わない者に対する罰則の適用　（例：「命令に違反した者は△万円以下の罰金に処する」旨の規定を設ける）

　すなわち、条例違反行為が発覚した際に、いきなり罰則を適用するのではなく、一旦は行政命令を発することにより条例の遵守を促し、その上で命令に従わない場合に初めて罰則を適用する制度設計をし、罰則の対象となる行為を「命令違反の行為」とするのが通常です。これは、一般的に、同じ違法行為でも刑法犯などに比較して、条例の違反行為は行為自体の反社会性、可罰性が高くないことや、罰則対象行為の構成要件を明確にする観点から罰則対象を行政命令遵守義務違反としたほうがより明確であることなどによるものと考えられます。

　これに対して、違反行為が発覚した際に、特に条例遵守の命令などを経ないで、直ちに罰則を適用する制度設計を、立法実務では「直罰規定」といいます。通常、実務的には条例で直罰規定を設けるのは稀です。直罰が認められるためには、行為自体が直接的に罰則の対象となるほど、反社会性、可罰性が高いと認められる場合や、公益上、直ちに罰則を適用しなければならないほど重大な立法事実があった場合など、相当の理由が必要です。また、罰則の運用上も、直罰の場合は、違反行為をみつけ次第、即座に罰則を適用することとなるため、違反行為の取締り・摘発が、ある程度頻繁に行われるような体制にない場合は、制度の実効性、公平性が疑われがちになりますので、実際に罰則の運用を行う警察や関係部署と十分に調整をした上で制度化する必要があります。

　一般的に条例で罰則を設ける場合、特に地域社会で現に問題になっている事項については、世論は厳しい罰則を求める傾向に向かいがちですが、公平性や最小限の規制の観点等から、議員提案条例にあっても直罰規定に対しては、相当の理論武装と慎重さが必要です。

第 **7** 章

議員提案条例を
どのように活用すべきか
（条例活用編）

【第7章のポイント】

⑴ 　住民からみた二元代表制のメリットを生かせるのが「行政監視型議員提案条例」である。

⑵ 　行政監視型議員提案条例は、二元代表制の地方議会における特有の立法である。

⑶ 　行政監視に市民を巻き込むことが、地方政治を活性化させることにつながる。

【行政監視型議員提案条例の活用の効果】

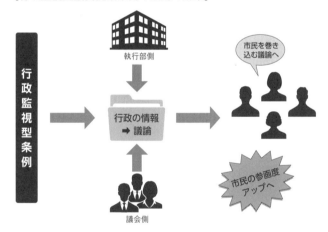

首長と別の視点から政策を
考えるのが二元代表制の意義

　我が国の地方政治・行政の仕組みを、国の政治・行政の仕組みと比較対照して、国が議院内閣制であるのに対して、地方は「二元代表制」あるいは「大統領制」と表現されることがよくあります。もっとも、「大統領制」とは言いつつも、アメリカ合衆国における連邦議会のように、予算編成や法案作成等について、行政府（大統領）から独立性の高い権限を付与されている状況とは異なり、我が国の地方政府の実態は、実際の「大統領制」には程遠い感があります[i]。

　確かに、首長の役割について、地方自治法上、地域経営の代表者として、地域の行政事務を執行する大きな権限が与えられています。一方、個々の議員としては、首長のような明確な法的位置付けはなされていませんが、議会総体、すなわち「チーム議会」とすると、自治体の意思を最終的に決定し（意思決定機能）、首長の行政執行を監視し（行政監視機能）、議員提案条例の制定等により政策を立案する（政策立案機能）などの権能が付与されており、地域経営の一翼を担う重要な権限を有しています。

　このような権能を有する議会を構成する議員も、首長と同じように、住民の選挙により選出されている住民の代表であるという意味では「二元代表」であり、首長と法的には対等な位置付けがされています。

　しかし、これまで、二元代表制とはいうものの、首長の権力があまりに大きく、議会の存在が希薄化し、議会不要論さえ一部には唱えられているのが現実です。特に住民の側からみて、二元代表制にどのようなメリットがあるか、そのメリットをどのように活用できるかということについては、これまでほとんど意識されてきませんでした。

　分権改革から20年を迎えた今、地方議会の中には、首長とは別の立場で住

民目線の政策形成に努めている議会も数多くみられます。改めて二元代表制の持つ新たな意義を考え、住民のメリットとして活用する時期に来ているのではないでしょうか。

　その意味では、二元代表制の再評価、新しい活用のあり方が求められていると考えます。

2 住民からみた二元代表制の メリットを発揮しよう！

　住民からみた二元代表制のメリットとしては、議会の三つの機能、「意思決定機能」、「行政監視機能」、「政策立案機能」とパラレルに、①首長の独断専行の抑制、②議会による行政監視、③多様な政策の選択肢の提示の三つが考えられます。

　①は議会が固有の権能として自治体の重要な意思決定機能を有することにより、首長とは別に住民目線の意思決定をすることです。②は議会が首長から独立して行政監視機能を発揮することにより、良質な公共サービスを効率的に提供できるよう改善が促進されます。③は議会が首長と別の立場で政策を住民に対して提示する「善政競争」をすることにより、住民にとって政策の選択肢が増えて政策に対する住民の満足度の向上につながります。

　しかし、地方議会のオール与党化の中で、これらのメリットも失われることが懸念されます。政治的立場はともかく、今一度、住民起点で二元代表制の意義を活かした取組みを進めていくことが求められます。

3 行政監視型条例とは
―地方議会特有の立法

　上記の「二元代表制」のメリットのうち、③の住民に政策の選択肢を増やすことにつながる議員提案条例には、内容的に前述のように、①議会内部のルールを定めたもの（委員会条例、議員定数条例、議員報酬条例など）、②首長と議会との関係のルールを定める条例（総合計画等を議決事項とする条例、出資法人運営適正化条例など）、③住民と自治体との関係のルールを定める条例（自治基本条例や議会基本条例など）、④特定の行政分野に関する条例（特定の分野に関する理念的・規制的な内容の条例など）の四つの類型の条例があります[ii]。

　この中で、②首長と議会との関係のルールを定める条例は、従来は首長の裁量で実施されていた政策に関して、議会が一定の場合に議決や報告を求めるなど、議会が関与をすることにより、首長と議会の緊張関係を現出させ、議会のチェック機能を高めたり、政策決定の透明性を高める作用があります。このように首長と議会の関係を規定する議員提案条例のうち、特に行政監視機能を有する条例を、ここでは「行政監視型条例」ということにします。これは二元代表制の地方議会に特有な立法です。

　すなわち、議院内閣制の国会では、行政を担う内閣は与党議員によって構成されるため、与党が多数派を占めると国会で内閣を厳格にチェックすることは構造的に限界があります。もちろん、国会にも一定の行政監視の仕組みはあるものの、「政府与党」という言葉が象徴するように、内閣に対して与党が厳しく客観的な立場での行政監視が全うできているかは疑問が残るところです。

　一方、地方議会では、行政監視型条例により、従来、首長の権限で決定されていた事項が、議会の議決事項や議会への報告事項となった場合、その内

容が議会の議案として公開されます。公表された事項について、議員が議会で質疑することにより、住民が自治体の政策決定プロセスを知ることができることになります。このように議会や住民に対して、行政を執行する首長は一層の説明責任を果たすことが求められ、結果として行政の透明性、説明責任の質が向上することにつながります。

　いわば、行政監視型条例は、議会や住民にとって、首長の有している様々な情報を公開の場に引き出し、議論することにより、自治体の政策形成に議会や住民が参画するためのツールであるということができます。

行政監視型条例と首長の執行権を どのように考えるか

　行政監視型条例を議員提案条例で制定するに当たり、しばしば議論になるのが、首長の執行権との関係です。

　議会で、首長の行政執行への外部からのチェックや関与を強化する行政監視型条例を制定しようとすると、執行部側からは首長の執行権の侵害に当たるのではないかという主張が出てくることがあります。

　首長の権限について、自治法149条は、例示として、議案提出、予算の編成と執行、地方税の賦課徴収など、多くの権限を列挙していますが、一般的に「首長の執行権」＝「首長が自治体のことを何でも実行できる権限」というものを認めているわけではありません。そこには、二元代表制に起因するチェック・アンド・バランスの仕組みからくる相互抑制的な権限行使のあり方が望まれます。

　ただ、首長は、自治体を統括し、代表する立場において（自治法147条）、その自治体の事務を管理・執行することとされています（自治法148条）。また、自治法149条9号では、首長の権限として「前各号に定めるものを除く外、当該普通地方公共団体の事務を執行すること」と規定され、個別に規定されているもの（自治法149条1号から8号まで）以外の自治体全体の事務を行うことができるとされ、首長の権限の内容に広い解釈の余地が生じてしまうことになります。このため、「首長が自治体のことを何でも実行できる」と誤認してしまうことにつながるのです。

　実態として、首長の権限は極めて広範であり、誤った行政運営がなされないようチェックをすることは必要ですが、一方で議会によるチェックが過剰な場合には円滑な行政運営を阻害するおそれもあり、議会のチェックも一定の謙抑的な姿勢が大切です。

議員提案条例を考える際には、首長の執行権を漠然と議論をするのではなく、個別具体的に、住民の立場からみてどのような不都合があるのか論点を明らかにし、個別の内容の目的・効果を慎重に検討することが肝要です。つまり、「各論勝負」ということです。そして、これが二元代表制から導き出される帰結ということになります。

【図】首長の執行権を考える

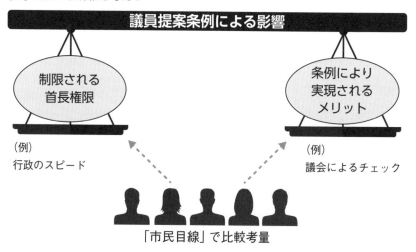

議員提案条例による影響

制限される
首長権限

条例により
実現される
メリット

（例）
行政のスピード

（例）
議会によるチェック

「市民目線」で比較考量

5 行政監視型条例の活用ノウハウ

　行政監視型条例を制定するだけで、議会の機能強化が図られ、自治体の政策決定への住民参加が進むわけではありません。大切なのは、行政監視型条例の制定後に、それをいかに有効に活用するかです[iii]。そのためには、次のようなことが議会側に求められます。

 まずは、基礎的な学習

　行政監視型条例を活用するためには、議員自身が行政の様々な指標や情報について、その意味を理解し、気づく力を持つことが重要です。

　そのためには、自治体の様々な法制度や政策、財務に関する基礎的な知識を普段から学習しておくことが必要となります。

 執行部からの情報に飲まれることなく、情報を使う！

　行政監視型条例の多くは、首長が主要な政策決定をする際に議会の議決や議会への報告を求め、その後の進捗についても定期的に議会に報告を求める形式の条例が一般的です。このため、多くの情報が執行部側から自動的に議会に流れることとなります。いわば行政情報の渦の中に議員は置かれることになります。これに対して、漫然と情報を受け取るだけでは、十分な行政監視はできません。執行部側から流される情報を取捨選択し、十分な解析をするノウハウが必要です。会派を設けている議会では、会派内で担当者を分野ごとに振り分けて、分析することなどの方法も有効です。

他の議会権能とコラボして活用する！

　行政監視型条例の制定を待つまでもなく、本来、議会には、たとえば決算の審議では、決算に伴って議会に提出される監査委員意見書や財産に関する報告書、出資法人に関する経営状況報告、議会同意人事に関わる附属資料などの審査資料が提出され、いわゆる100条調査などの権能も自治法により認められています。また、自治法以外にも行政評価制度や情報公開制度を活用することも可能です。これらの既存の権能と併せて行政監視型条例を活用することで、より一層、行政監視の実効性を高めることができます。しかし、このようなツールを活用するためには、制度に関する十分な理解が前提となることは当然です。

 ## 住民への情報発信を積極的に

　上記 ① 〜 ③ のほか、住民との情報共有も重要です。住民からは議会の状況がわかりにくい、情報不足だという意見も聞かれます。議会広報誌や議会のホームページ、議会報告会などの機会を活用することも重要です。

　加えて、マスコミとの関係構築も大切です。執行部側には通常、記者クラブ等があり、マスコミへの情報発信が日常的に行われていますが、議会からも「プレスリリース」や議長等による記者会見などを、より頻繁に行ってもよいのではないでしょうか。新しい地方議会では広聴・広報戦略も極めて重要となります。

6 行政監視型条例から始まる 新たな市民参画の展開

　今後の地域経営には人口減少や巨大災害の発生など、様々なリスクが想定されます。そのような状況の中、二元代表制を首長対議会の対立軸に捉えるのではなく、ともに地域経営の主体として、互いに議論を続けていくことが重要です。そのためのツールが行政監視型条例ということができます。

　さらに、このツールを使って、市民も議論に巻き込んでいくことが、より納得感の高い地域経営につながっていくのではないかと筆者は考えます。その点では、行政監視型条例を活用することは、議会が市民の参画を促すきっかけにもなるといえます。今後、行政監視型条例の発展が、地域経営への市民参画のツールとなることも期待できます。

7 議員発の政策でイシュー（課題）化、ムーブメント（運動）化で地域世論を盛り上げよう！

　次に、住民を議論に巻き込み、地域の世論を盛り上げていくプロセスについて紹介します。

　もともと地域には様々な課題が存在するわけであり、その解決方法をやみくもに議員提案条例とするのではなく、他の議員とも議論し、他の方法がないのか、他の課題と比較して緊急に取り組む必要があるのかなどを検討し、地域社会の反応を確かめながら、政策的な課題として取り上げる、いわば「イシュー（課題）化」し、地域社会に流れをつくり出すよう「ムーブメント（運動）化」していくことが必要です。

　議会提案条例に限らず、議会発の政策が首長部局発の政策と比較して、住民の認知度が高くないのは、このイシュー化からムーブメント化のプロセスが弱いためではないかと、筆者は考えています。本来、政治家である議員は、地域課題をクローズアップさせ、支持者を巻き込むイシュー化やムーブメント化は得意分野であるはずですが、議会や会派での取組みとなると、必ずしも十分ではないように思われます。

　通常、イシュー化やムーブメント化は、首長部局の場合、突発的な課題対応を除くと、総合計画をはじめとする様々な行政計画の立案、次年度の予算編成作業のプロセスなどを通じて行われます。そこでは、課題の優先順位付けがなされ、新しい政策課題は、計画案や予算案の「目玉政策」の形で公表されてマスコミ等にも取り上げられます。当然、地域住民にも地域の優先的なイシュー（課題）として認知されます。その中で条例化になじむ課題は立法化のプロセスと平行して、首長が記者会見や議会の施政方針演説などの対外的な場を通じて雰囲気を盛り上げるムーブメント化が進められていきます。

しかし、議会の場合は、このイシュー化やムーブメント化の公式的なプロセスがあるわけではありません。いきなり条例化しても唐突感が出てしまうこともあります。いくつかの自治体議会での議員提案条例の条例化のプロセスなどでも、なぜ条例化が必要なのか地域住民の理解が十分に進まないうちに立案され、いつの間にか条例ができている場合が見受けられます。もちろん、緊急性が高く、粛々と条例化していくことが求められる場合もありますが、条例の中には、住民の権利義務に関わる規定が盛り込まれる場合もあり、住民生活に影響が生じるものもあります。その意味では、様々なチャンネルでイシュー化を図り、その後、住民を巻き込みながら議論する流れをつくりムーブメント化していくことが重要です。

8 イシュー（課題）化の方法

　では、具体的に議会の場合、どのような方法でイシュー化、ムーブメント化していくのでしょうか。

　まず、地域の重要な課題として、首長がどのように認識しているか、また、首長部局でも何らかの対応がなされているか、一般質問の形で質していくことが必要です。

　この段階で、首長が重要課題として認識し、担当部局でも一定の対応が確認された場合は、議員提案条例として、首長部局に対抗してまで立案する必要があるか慎重に検討します。もちろん、首長部局の対応案に対して不十分と考える場合は、対案を提出することもありえます。

　これに反して、議会の一般質問の場などで複数回取り上げたが首長側の反応が鈍く、対応が十分ではない場合は、議員提案条例としての立案の可能性があります。筆者が経験した、岩手県のプレジャーボート条例の立案事例では、一般質問等で何度か条例化に関する所見を首長側が求められたにもかかわらず、所管課が複数の組織にまたがり、調整に時間を要し、優先順位も低位の課題として認識され、長期間にわたり十分な対応がなされていませんでした。このような場合は、議員提案条例の検討対象となりえます。その後、一般質問や委員会での審議などで何度か首長側の認識を確認していく中で、その質疑応答の様子が次第に地域社会に広まり、地域や住民の間で課題として認識されるようになります。このような過程を経て、ニッチな政策分野での課題が、地域にとっては大きな問題性を含んだ課題であると捉えられることになり、イシュー化（課題化）がなされることになります。

　これらの一般質問等を通して首長側の意向が示され、条例化になお消極的な場合、議会側では、議員提案条例として本格的な立案検討をするか否か、

議員間、会派内、会派間で協議を始めます。その結果、議員提案条例の立案検討に着手することでコンセンサスが得られた場合、どのような体制、手続で検討するかを併せて協議していきます。例えば、既存の常任委員会等での「委員会提案」とするのか、複数会派間での「会派共同提案」とするのか、会派の「単独提案」にするのかなどです。議員が発議案を提出する場合には議員定数の12分の1の賛成が必要（自治法112条2項）なので、少なくともこの人数は確保する必要があります。提案方法に応じて、イシュー化の方法も異なっていくことになります。

9 ムーブメント（運動）化の方法

　議員間で議員提案での条例立案の意思形成がなされ、立案手続の見通しがつき、条例としての大まかな骨格ができた段階で、いよいよ住民に対して条例を立案する方針を公表し、条例制定の意義付けを地域や住民に訴え、賛同する住民をできるだけ多く増やしていき、地域社会での雰囲気づくりを図っていく必要があります。いわば、一種のムーブメント（運動）として盛り上げを図っていきます。

　条例の立案方針の公表には、記者会見等の場を設定することも考えられます。また、委員会提案の場合、委員会の場で公式に表明することになります。いずれにしても、マスコミをうまく使っていくことが大切です。

　また、市民団体等との連携も重要となります。市民団体と連携して地域社会に政策としての意義や効果を訴えることは極めて重要です。

　筆者がかつて、議員提案条例の立案に関わった岩手県の旧江刺市の「えさし地産地消推進条例」[iv] では、議員連盟を中心にした条例立案作業に平行して、市民に対するアンケート調査、条例についての市民説明会や、地元農産品を紹介する地産地消イベントの開催など、条例制定のプロセスと併せて住民に対する地産地消の意識を高める様々な取組みが行われました。その結果、市民の間に条例の意義が認識されたばかりでなく、地元の農産物や食品の地産地消の意識が高まったという二次的効果もみられました。ムーブメント化という点では極めて良い効果を上げていた事例といえます。

　このような市民参加によるムーブメント化は、特に地域の政策課題に対応するための議員提案条例では、制定の意義や効果を市民に浸透させ、意識を高めることになり、条例の制定後も市民に根づかせることにもつながります。

10 ニッチ型議員提案条例が市民を地方政治に向かわせる

　前述のように議員は、本来大きな組織に頼らずに活動する点で、首長に比較して市民に近い存在です。また、政治家である議員は、「場を盛り上げる」という点では天性のものを持っている人も多く、政策のイシュー化、ムーブメント化は、市民参画の観点からももっと行われるべきです。

　しかし、これまでの政策的議員提案条例の制定プロセスをみる限り、条例制定に併せて、課題に対する地域の盛り上がりがみられた事例は多くはないというのが、筆者の率直な感想です。様々な立場を超えて、議員間での協力できる部分は「チーム議会」となって取り組むことにより、地域課題への市民の関心の盛り上げを図ることは十分可能と考えます。

　今後、地域のことを知り尽くした上で、特定の政策分野（ニッチな政策分野）のプロとして研さんを積みながら、「チーム議会」を形成し、市民との議論を様々な形で進めることによって、多くの市民が地域に関心を持ち、地方政治に市民の目を向かわせることにつながると考えます。そのきっかけの一つが、ムーブメントを伴うニッチ型議員提案条例ではないかと考えるところです。

【図】ニッチ型議員提案条例による地域の盛り上げ

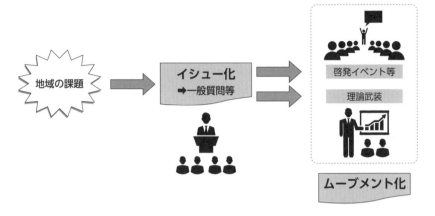

i 今井照『地方自治講義』（筑摩書房、2017年）44頁以下参照。
ii 本書第1章**1** **4** 「議員提案条例にはどのようなものがあるか」参照。
iii 行政監視型条例の実際の立法と活用の事例については、本書第9章**2**Q4の「横浜市将来にわたる責任ある財政運営の推進に関する条例」を参照。
iv 津軽石昭彦「地方議会における議員提案条例の意義」自治体学会編『年報自治体学19号 自治体における代表制』（第一法規、2006年）100〜124頁参照。

議員提案条例と議会改革、人材育成をどのように進めるべきか（議会改革、人材育成編）

【第8章のポイント】

(1) 「議員提案条例」と「議会改革」は相関があり、政策立案を中心に双方を連携させながら進めることが重要である。

(2) 議会も住民本位の政策形成の視点から組織として評価を受ける時代になってきている。

(3) 議会の組織力を向上させるためには、議員個人の資質向上のほか、チーム議会としての政策形成力、議会事務局の組織能力が必要である。

【住民自治を支える議会の組織力・人材力】

住民自治を支える
議会改革・議会発の政策立案

2011年3月11日に発生した東日本大震災から9年が経過しました。この間も、我が国は、地震、大規模台風、大規模火災、火山噴火などの大きな災害にしばしば見舞われてきました。今回の新型コロナウイルス感染症も、一種の災害ととらえることができます。これら災害が発生するたびに「自助・共助・公助」ということが叫ばれます。災害時には、まずは自分でできることは自分で行って身を守り、個人でできないことは近隣地域が協力して助け合い、それでもできないことは行政が支援するという災害時の心構えです。この考え方は、地方自治の根本原理の一つである「補完性の原理」そのものです。

「補完性の原理」の根本にある考え方は、地域のことは地域住民が決めるという「地方自治の原理」に基づくものです。「地方自治の原理」は日本国憲法92条[i]では「地方自治の本旨」として規定されています。憲法に定める「地方自治の本旨」とは、周知のとおり、地方公共団体が中央政府とは独立した主体として地域の事務を行う「団体自治」と、地域住民が地域のことを住民の意思に基づき住民自身の責任において決定・実行する「住民自治」の意味を示すとされています[ii]。住民の意思はどのように表現されるかという点については、選挙で選ばれた代表により具現化されます。わが国の地方自治制度では、選挙により選出される住民代表は、首長と議会を構成する議員の二者がある「二元代表制」ですが、議会は複数の議員により構成されることから、多様な住民の意思を反映させる存在ということができます。その意味で、議会は「住民自治」を象徴し、体現する機関ということができます。

議会が住民自治を有効に具体化させるためには、多様な住民意思を反映させることが大切です。そのためには二つのエンジンともいうべきものが重要

です。

　第1のエンジンは、様々な住民の意向を議会が積極的に収集し、それをもとに活発な議論が行われ、自治体の運営や政策に反映させる仕組みの構築に向けた PDCA サイクルが常に回っていること、すなわち「議会改革」のエンジンです。

　もう一方のエンジンは、住民意思に基づき執行されるべき首長の政策が十分でない場合や首長の政策をより推進させるために、議会自らが政策を立案し、住民に示す「政策立案」のエンジンです。議会による政策立案の典型が「議会提案条例」ということができます。

　「議会改革」と「議員提案条例」の関係については、両者は相関関係がみられます。

　すなわち、議会改革がどの程度行われていることを表す指標として「議会改革の項目数」を、議員提案条例がどの程度行われているか示す指標として「議員提案条例数」を、それぞれ比較してみます。筆者が以前、都道府県議会における両者の状況について全国都道府県議会議長会の資料をもとに調査したところ、次頁の【図】のような正の相関が見られます[iii]。

【図】主な都道府県議会の議員提案条例と議会改革の相関

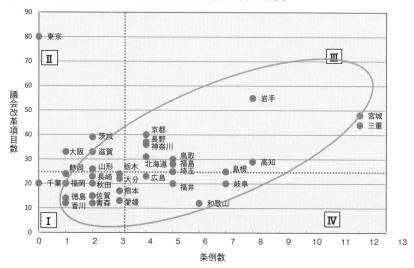

出典：縦軸……「都道府県議会における議会改革のための取組状況について」（平成18年
　　　　　　12月）（全国都道府県議会議長会）
　　　　横軸……平成14～20年「都道府県議会活動状況」（全国都道府県議会議長会）

　上の【図】では、議会改革が進むと議論が活性化し、議員の政策形成のモチベーションが高まり議員提案条例が多く提案され、また、議員提案条例の検討過程で様々な気づきを生み、議会改革が進むと考えられます。

　つまり、上の【図】のように「住民自治」がより強固なものとなるために、住民自治の体現者である議会や議員において、「議会改革」が絶えず行われ、同時に「政策立案」の典型である「議員提案条例」の立案が具体のカタチとして行われることが必要なのです。

2 議会における政策形成の観点からの議会改革（議会も評価される時代へ）

　議会改革と政策立案（議員提案条例）の相関を考えると、政策立案（議員提案条例）が活発に行われるためには、一方で「議会改革」がより一層進むことが求められます。では、議会の政策立案（議員提案条例）を促進するために、今後、議会改革をどのように進めていけばよいのでしょうか。

議会評価モデルの試み

　議会改革については、議会基本条例が数多くの議会[iv]で制定されるなど、全国津々浦々まで浸透し、議会改革を進めること自体については、ほぼ異論のないところです。しかし、議会改革の内容は様々であり、玉石混交の様相を呈しています。議会改革も「質」が問われる時代になってきているのです。

　そのような時代にあっては、それぞれの議会が他の議会と比較して、住民目線からみて、どの程度の水準にあるかを認識し、さらに住民本位の議会改革を不断に進めていくことが求められます。そのためには、それぞれの議会の改革度を、住民からみて一定の「ものさし」で評価することが必要になります。そのうえで、優れた議会改革の取組みをデファクト・スタンダード（事実上の標準）として地方議会全体に普及していくことが重要です。

　このような試みの一つとして、公益財団法人日本生産性本部では、早稲田大学マニフェスト研究所の協力のもと、顧客満足の向上を目的とした民間企業のマネジメントを評価する仕組みである「日本経営品質賞」[v]の考え方を地方議会に応用し、議会改革の質の向上につなげようとする「地方議会評価モデル」[vi]が作成されています。

この「議会評価モデル」は、自治体の究極的な目的である地域の「住民福祉の向上」をめざし、住民の意向による住民自治の考え方のもとに、政策形成のサイクルが議会運営の中で、どの程度行われるかを、議員個人ではなく議会の仕組みとして、どの程度定着しているかを見極める「成熟度」という尺度で評価します。個々の内容の可否を評価するのではなく、取組みがシステムとして定着して行われているかどうかを評価するのです。

具体的には、議会としての理想の姿が議員間で共有され、それに向けた戦略づくりが行われ、実行されているかを評価する「戦略プラン」、住民本位の価値創造をする議会活動の仕組みと、住民意見を反映させる政策形成が行われているかを評価する「政策サイクル」などの5つの視点ごとの評価項目について評価が行われます。

成熟度が低いと、前例だけにとらわれ、住民目線での議会の課題に気づかず、改善が行われていない状態となります。また、成熟度が高い議会では、住民目線からの様々な議会の課題が議員間で共有され、相互に議論され、継続的に改善が行われる仕組みづくりが定着し、議会の政策立案にも成果として現れている状態となるのです。当然、成熟度の高い議会では、チーム議会としての議員提案条例も継続的に立案されることが期待できます。

② 評価の視点を導入し「チーム議会」による政策形成力の向上を

議会は、自治体の機関の中で「先例」という慣習法が効力を有するところであり、他の自治体議会のベンチマーキングなどはこれまであまり行われてきませんでした。「議会評価モデル」のような評価の仕組みを議会に導入することで様々な改革が進むことが期待されます。

「議会評価モデル」が指標とする「議会としての成熟度」が高まっていけば、これまでように、議会の政策形成も、議員個人の能力や経験によるのではなく、会派を超えた「チーム議会」としての思考に移行していくことになります。これは、個々の議員が「ニッチ」として専門分野を持つことにより、議会全体としては首長の執行機関に対抗できる政策的な知見を蓄積する

ことに通じます。いわゆる「機関競争主義」的な考え方に立ち、首長と議会が、よい意味での「善政競争」をすることにより、住民の政策に対する選択肢が増えて満足度の向上につながっていきます。

　特に議員提案条例は、具体の政策を法規範として具体的なカタチにすることが求められ、条文数が多い条例づくりには、執行部や関係機関との調整、膨大な資料づくりなど、議会事務局も含めたマネジメントの仕組みが不可欠です。その意味で組織的な政策形成を行うためにも「チーム議会」としての取組みが、今後、重要になっていきます。

【図】地方議会評価モデルのフレームワークのイメージ

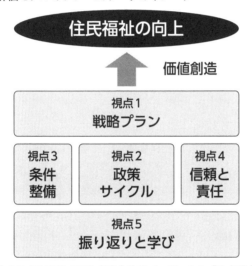

出典：公益財団法人日本生産性本部地方議会改革プロジェクト「地方議会運営の評価ガイドライン」13頁

3 議会の人材力と組織力の向上

「チーム議会」として、よい政策、よい議員提案条例を立案するためには、立案に関わる議員や議会事務局全体の人材、組織の育成が、議会改革と並行して大切になります。ここでは、それぞれについて考えてみましょう。

議員のなり手不足を解消する若手人材のリクルート

議員提案条例をはじめとする議会の政策立案機能を高める前提として、議員に、より資質の高い人材を多く確保することが必要です。すなわち議員のリクルートの問題です。

これについては、残念ながら現状は全国的に厳しい状況にあるといわざるを得ません。

総務省が2019年に設置した「地方議会・議員のあり方に関する研究会」によると、2019年春の統一地方選挙において、改選定数に占める無投票当選者の割合が、都道府県議会では約27％、町村議会では約23％で、ともに過去最高となっています。無投票当選者の割合は、経年変化を見ても、政令市、市町村の議会とも微増傾向で、全体として地方議員の「なり手不足」の傾向にあります。

特に人口規模の小さい町村では、議員定数自体が多くないこともあり、深刻な状況にあります。また、議員の年齢層も高くなる傾向にあり、60歳以上の議員の割合が、都道府県議会で約4割、市議会で約5割、町村議会では約8割という状況です[vii]。これらの要因について、同研究会では、議員になった際の議会出席に伴う時間的余裕のある住民が限られることなどの「時間的要因」、議員となった場合の生計の維持や議員活動を支える資金的基盤が十

分でないことなどの「経済的理由」などのいくつかの要因について検討されているようですが、筆者は、これらの要因に加え、若年層の地方自治への関心の低下が大きな要因と考えます。

【図】統一地方選挙における改選定数に占める無投票当選者数の割合の推移

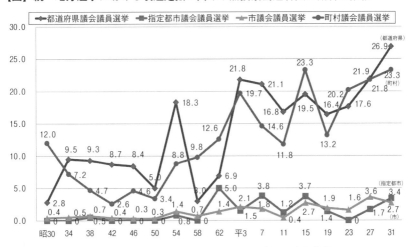

出典：総務省「地方議会・議員のあり方に関する研究会（第4回）」資料4-1

　議員の人材確保については、議会がモニターに選任された住民から意見を聴く「議会モニター」（北海道芽室町、栗山町など）、議会が特定の課題についてサポーターとして選任された住民と話合いを重ねながら政策を練り上げる「議会政策サポーター」（長野県飯綱町）など、議会の政策形成に住民が参加する取組みがいくつかの地方議会で行われていますが、これらの住民の参画による地域政治への関心の喚起とともに、大学生、中高校生を含めた若い世代のシティズンシップ教育が重要です。

 ## 2 大学等との連携の多面的活用

　シティズンシップ教育や議員の知見を深める上で、特に大学は、地域の政治行政、経済について専門的な教育研究を行っているところが数多くあり、

大学と連携協定を締結している地方議会も増えてきています。

　大学は専門教育研究機関として、地方政治や行政を志す若者の教育、地方自治体への政策面、法律面の技術的な支援などの機能を有しており、短期的には学生に対して地方の政治・行政に関する専門教育を通じてシティズンシップ教育の場ととらえることができます。中長期的には、大学で学んだ学生の中から政治を志す者も現れたり、地方議員が大学院等で学び直すケースも増えており、地方議員の人材確保、資質向上に大学が貢献できる可能性は大いにあります。

　また、地域の具体的な政策的な課題解決にも研究者の知見を役立てることも可能です。専門的知見の活用制度（自治法100条の２）や従来、合議体である議会への附属機関の設置が認められていなかったものが、議会基本条例により議会の附属機関等[viii]を設けることを規定している議会もあり、このような制度を活用して大学や研究機関の知見を活用することが可能です。

　大学は、地方議会の組織強化に多面的な活用が可能であり、今後、多くの議会が大学と広く連携を図っていくことが望ましいと考えます。

議会の組織力向上

　地域住民の福祉の向上のために執行部とよい意味での緊張関係を維持させながら、議会の機能を「チーム議会」として高めるためには、個々の議員の資質向上と議会全体の組織力の向上が重要です。それぞれについて考えてみましょう。

ア　改革マインドと政策法務スキルで議員個人の資質向上を

　議員提案条例の立案の観点からみた場合、個々の議員の資質向上については、①議員自身の改革マインドを持続させることと、②政策法務のスキルを高めることの２点が重要です。そこで、これらの手法について紹介したいと思います。

（ア）議員活動への評価の見える化にトライする

　仙台市議会などでは、市民団体などが「議員の通信簿」などとして議会で

の基本的な態度や質問回数、質問への取組み状況などを点数化して公表しています。議員の改善意欲を高めるという点では一定の効果が認められます[ix]。また、千葉市では、大学生が議員の議会活動を評価しています[x]。

　さらに一歩進んで、北海道芽室町議会では、議会自身が議会活性化の取組みの一環として、議会基本条例の項目ごとに各議員の活動を自己評価し、公表する取組みをしています。

　これら、議員活動の評価を一定の指標により「見える化」することは、議員にとっては厳しい面もありますが、改革意識を持続させる点では有効な手法です。評価の取組みをする外部団体等が近隣になくても、議員個人の活動の中で、地域住民からアンケートをとり、結果を公表するなどの方法で同様の効果が得られます。

（イ）自治体を超えた学会、研究会活動への参加や大学院への入学で外部刺激をうける

　近年は自治体や地域を超えて、議員や自治体職員、研究者などによる学会、研究会がいくつか立ち上がっています。その中には、政策法務をテーマにするものもあります。これらの学会、研究会には、意識の高い議員、自治体職員、研究者などが集っており、改革マインドの向上と政策法務に関する知見の両方を得ることができます。

　また、議員が社会人入学制度を活用して大学院に入学するケースもみられます。議員からみた大学院での学びには2つのメリットが考えられます。第一は、研究者から体系的な地方自治や政策法務の知見を学ぶことができる点であり、第二は、研究者とのネットワークを築くことにより、日常の議員活動における専門的な相談先としても役立ちます。

（ウ）日常の議員活動で「条例眼」（政策から制度を組み立てる目）を育てる

　議員自身による究極の政策実現手段が議員提案条例である以上、自らの政策を制度に組み立て、条例化する目を育てることは不可欠です。

　そのためには、もちろん、一定の政策法務の基礎知識は必要ですが、大切なのは、細かい法制執務的ノウハウではなく、日常の議会審議や議員活動の中で、「地域や住民の課題→政策→制度（条例）」のサイクルを常に頭の中で考え、個別に地域課題を条例化した場合にどうなるか、シミュレーションす

る癖をつけることが大切です。

　特に、議員は「地域や住民の課題」を把握するチカラは十分に持っている方が多いのですが、それだけでは「ナマの地域ニーズ」にすぎません。その先の「政策→制度（条例）」に落とし込む部分はさらにトレーニングが必要です。「絶対音感」を持つ音楽家などがナマの音を聞いて音符に落とし込むのと似たところがあります。既存の様々な政策や制度（条例）の型やパターンを、日常の議員活動の中で学習し、実践の中で「条例眼」（政策から制度を組み立てる目）を育てることが大切です。

　そのためには、議会での質問などでも、「単なる疑問」をぶつけるのではなく、政策と制度を対案として提示するクセをつけることが求められます。そして、その対案の緻密度を上げていくことです。

　このような、いわば議員にとってのOJT（On the Job Training）を繰り返すことにより、条例眼が養われると同時に、政策をカタチとする条例案の構想が煮詰められていくのです。

イ　チーム議会としての組織力向上は商店街活性化の発想で

　法規範として有効に機能する議員提案条例を立案するためには、議会にもパフォーマンスの高い組織能力が必要です。これまで議会は、合議体という性格上、組織能力ということについてあまり議論されてきませんでした。しかし、これだけ複雑な社会になってくると、地域や住民のニーズも多様化しており、もはや個々の議員だけでは限界があります。

　もともと、議会は、独立した政治家である議員の集まりであり、個人商店の集合体としての「商店街」と似たところがあります。議会不要論もいわれる中、政治的な立場や考え方を超えた「チーム議会」としての意識や行動が要求されてきます。先に紹介した「議会評価システム」も、このような問題意識から検討が始められています。ここでは、議員提案条例の立案の視点から、議会全体の組織能力の向上について考えてみましょう。

（ア）議長と議会事務局長は、政策・条例がインスパイアされる環境づくりにリーダーシップを

　上記の「商店街モデル」で議会を考えたときに、個店である議員個人や会派が「ヒット商品」を生むことは、商店街全体の活性化につながります。そのような政策・条例が次々に生まれる環境や雰囲気づくりを進めるのは、議長と事務方としての議会事務局長のリーダーシップにかかっています。議員同士の公式・非公式の政策論議の場の設定や、住民との接点を増やす議会報告会や夜間休日議会の開催、子ども議会の開催、政策研修の企画などなど、様々な取り組みが全国の議会で行われていますが、それぞれを統一的・体系的に行うことが重要です。最近では、議会としての任期中の取組事項を「計画」として公表し評価の視点を導入している議会もみられます（大津市、芽室町など）。その中には政策形成や議員提案条例に関するものが含まれているところもあります[xi]。

（イ）委員会の所管事務調査と議員間討議を活用した各分野の政策通の育成を

　委員会の所管事務調査は多くの議会で行われていますが、この機会を活用して、議員の専門分野に関する知見を充実させることも考えられます。たとえば、特定の政策テーマについての「地域や住民の課題→政策→制度（条例）」の試案を議員自身が、所管事務調査の一環としてまとめ、委員会の場で議員間討議として議論することなどにより、政策に関する専門性を高める契機になります。また、議員間討議に執行部職員も加わることにより、一般質問ではできない深堀した議論が期待できます。日々の活動で議員も多忙ではありますが、時間や期間を限って実施することも考えられます。会津若松市や飯田市の議会では「政策討論会」として議員自身が政策を研究し提案する取組みも行われています[xii]。

　議員の研究発表の場としての全国都道府県議長会の議員研究交流大会などや、意見交換の場として各種議員連盟などもありますが、委員会をこのような政策の学習と形成の場に活用することで、短期間で政策通の議員を育成することが期待でき、住民にも公開され議事録も作成されることで、住民にとってもわかりやすい議会につながります。

このような取組みで、それぞれの議員が「ニッチ」としての専門分野を持つことで、総体として首長部局に対案を提示できる政策集団に議会全体がステップアップできると考えます。

（ウ）議員提案条例の検討から提案、審議までのパターン化で条例の量産体制を

議員提案条例の検討から提案、議会での審議の方法については、第2章で述べたとおり、いくつかのパターンがありますが、様々な自治体の議員提案条例の検討から提案、審議の状況をみると、自治体により一定の傾向がみられます。大きくは、多くの会派が賛成する場合は、各会派の議員による検討委員会を立ち上げるパターン、又は委員会提案で行うパターンが多い傾向にあり、会派間の意見がまとまらない場合や規模の大きい議会の場合は、条例検討のプロジェクトチームを組織するパターンが多いようです。

議会は、先例や慣習に馴染みやすく、手続論に厳しい体質があります。各議会ごとに、それぞれの事情にあった議員提案条例のパターンを作ってしまうと、その後は、同じパターンで条例立案が行われ、スムーズにことが進む傾向があります。

その意味では、議員提案条例の経験の浅い議会では、早めに条例立案のパターンを固めることにより、議員提案条例を立案しやすい体制を整備し、条例の中身の検討に時間を使えるようにすることが有効です。もちろん、議員提案条例の立案実績が増えていけば、様々な方法にチャレンジすることは、「チーム議会」として望ましいことです。

4 議会事務局の組織力向上

「チーム議会」としての政策立案、特に議員提案条例の立案の場合、政策法務や議会運営の専門スキルが要求される点で、議会事務局の組織力の向上も重要です。

ア 議会事務局における議員提案条例のサポート業務に必要なスキル

議員提案条例のサポート業務は、執行部の法務担当課と比較すると大きく

二つの点で異なります。すなわち、第1には政策法務のスキルにおける「政策立案」のウエートが大きいことです。執行部の法務担当課は原課が進めようとする政策が制度的に適法に運用できるかを「チェック」する役割が大半です。これに対し、議会事務局の法務担当の場合、議員の政策をチェックするだけではなく、適法に運用できる政策を議員とともに条例案として「立案」していくことが求められます。したがって、執行部側の法務担当課と比較して、決定的に違う点として、法令審査能力だけではなく、「政策を条例案に翻訳する能力」が必要だということです。「政策を条例案に翻訳する能力」は、一般的な法制執務の知識技術のほかに、政策に対する柔軟な理解力と、議員がめざす政策目的を達成するために複数の制度のオプションを考える構想力、制度を円滑に運用するために現場の実際の業務に落とし込んでいく実務能力などが必要です。

　第2に、議会の「審議手続」に関するサポートがあることです。議員提案条例は議会審議の日程や手続に基づき立案される性格上、議会の議事手続やルール、先例に精通していることが議会事務局の法務担当にも要求されます。この点は、議会特有のもので、執行部の法務担当課にはない側面です。これらの点で、議会事務局の法務担当者は、法的側面と議会運営の両面の知識経験が必要になります。議会事務局の人材育成に当たっては、このような議会事務局における議員提案条例のサポート業務特性にも着目する必要があります。

イ　議会事務局の立案サポートは具体的にどこまでできるか

　議員提案条例の議会事務局の立案サポートはどこまですべきか、またどこまでが可能なのでしょうか。実務の場では、政治家である議員の政策立案に、公務員の議会事務局職員はどこまで関与できるかは、しばしば議論になります。

　この点については、まず、議会事務局職員のサポートは、あくまでも議員の依頼に基づく技術的な支援であるということが原則です。「議員からの依頼に基づくこと」と「技術的な支援であること」が特に重要です。議会事務局職員としては、中立的な立場でどの会派、議員に対しても均等かつ誠実に

知識・技術を提供する立場ということになります。

　このような基本的な原則に基づきつつ、実務では具体の条例案の立案サポートの内容について、全国都道府県議長会の「都道府県議会事務局における調査事務の実態（平成17年４月１日現在）」（下の【表】参照）によると、条例案の調製等に関連した業務については32団体で行われており、そのほか、執行部との協議（６団体）、条例案の検討審査（３団体）など、多少の違いはみられるものの、都道府県の議会事務局の場合は、ある程度、条例案の内容に踏み込んだサポートをしている団体が多い傾向です。条例案の立案自体は、当然、議員の名において行うものの、事務的・技術的作業の相当部分を議会事務局で行っている事例が多い実態といえます。

【表】議員提案条例に対する議会事務局の補助（参画）の程度

内容	都道府県名	備考
法令、立法事実等の調査、情報収集、提供	北海道、青森、岩手、山形、福島、東京、新潟、愛知、静岡、岐阜、富山、福井、兵庫、奈良、広島、岡山、鳥取、島根、徳島、高知、愛媛、福岡、長崎、宮崎、沖縄	25団体
条例案、資料等の整理、調製（含、改正等の補助）	北海道、青森、岩手、秋田、宮城、山形、東京、神奈川、千葉、茨城、栃木、三重、静岡、岐阜、富山、石川、京都、兵庫、奈良、広島、岡山、鳥取、島根、香川、高知、愛媛、福岡、大分、佐賀、宮崎、熊本、鹿児島	32団体
条例案の検討、審査	福島、埼玉、高知	3団体
執行部等との協議	岩手、岐阜、福井、奈良、島根、愛媛	6団体
その他	埼玉（提案理由説明、答弁、討論のための資料作成）、長野（議案により異なる）、三重（条例案検討会の運営）、岐阜（県民との協議の場設定）、和歌山（事例により対応）、滋賀（ケースバイケースで対応）、長崎（提案理由案等の作成）	7団体

出典：全国都道府県議会議長会「都道府県議会事務局における調査事務の実態（平成17年４月１日現在）」76頁より、筆者が集計

ウ　議会事務局の議員提案条例の立案サポートにおける人材育成をどのようにすべきか

　議会事務局の職員数は、概ね、都道府県で40人程度、政令指定都市30人程度、人口20万人規模の市では十数人、５万人未満の市町村で数人程度という

のが平均的な状況です[xiii]。このうちの一部が、議員提案条例の立案サポートを担う調査担当、法務担当ということになりますので、非常に限られた人員体制ということになります。そのような現実を踏まえると、少数精鋭の体制で効果を挙げるためには、次のような取組みが考えられます。

（ア）議長のリーダーシップによる、改革マインドの高い議会事務局長と政策法務人材の確保

　制度上、議会は独立の任命権者ですから、首長部局とは独立した人事権の行使が可能ですが、議会が単独で職員を採用して育成するのは、通常の自治体では困難です。議会事務局の人材確保も首長部局との交流人事に依存せざるを得ないのが多くの自治体の実態です。

　このような状況では、まず、議長がリーダーシップを発揮して、改革マインドとバランス感覚の優れた議会事務局長と、政策法務に関するスキルの高い人材の配置について、まず首長に対して強く要望することが肝要です。有能な議長と議会事務局長のもとで、議会改革が進むことは、住民にとっても望ましいことであり、自治体としてのステイタス向上にもつながります。また、政策法務人材についても、議会に関する知識経験を有する人材は、首長部局でも必要であり、首長部局にとってもメリットがあります。分権的な志向のある首長であれば、有能な人材の配置をしてくれるはずです。

（イ）議会事務局の調査業務の特色にマッチした独自研修の実施

　議員提案条例の立案サポートを始めとする議会の調査業務には、先述**ア**のような特質あるスキルが求められます。有能な政策法務人材の確保のほかに、業務の特質に応じた議会独自の職員研修を企画実施することが有効です。議会には、それぞれの自治体ごとの先例もあることから、外部講師だけではなく、議会事務局職員が交代で講師を務める自主研修方式も効果的です。また、必要に応じで議員との合同研修も、相互の意識と理解を深める点で有効と考えます。

（ウ）自主的調査活動のすすめ

　議会事務局の調査、法務担当では、議員からの依頼された事項を調査する「依頼調査」と、議員の政策形成に資するため特定テーマに関する情報を自主的に調査し、議員に提供する「自主的調査」の２種類の調査業務を行って

いるのが通常です。

このうち、議員提案条例の立案支援の観点からは「自主的調査」が重要です。議員提案条例の基礎となる政策に関する調査や実践的な政策法務のスキルは、一朝一夕に養成されるのではなく、日常からの調査活動を充実させることから始めることが大切です。

国会では、議員立法を直接補助する衆参両議院法制局のほかに、国立国会図書館と議院事務局にそれぞれ調査部門が設置され、議員向けの自主的調査活動の一環として冊子も発行していますxiv。また、市町村に比較して人員体制が充実している都道府県議会事務局では、予算審議の参考資料や政策的調査資料を発行しているところが多い状況です。

自主的調査を定期的に行うことにより、事務局職員の政策に関する調査企画能力の向上が図れるほか、議員に対しても、有効な情報提供と政策立案へのモチベーションアップなどの相乗効果が期待できます。人員体制に余裕のない市町村議会事務局では難しいところもありますが、たとえば、外部の大学や研究機関と共同するなどの方法で、少しずつ自主的調査にもトライすることをお勧めしたいところです。

エ　小規模自治体における議会事務局の立案サポートのあり方

議員提案条例の立案サポートは、議会事務局にとってマンパワー的に大きな負担を伴います。特に、小規模な基礎自治体の議会事務局では、事務局全体の人員も限られ、実際にはなかなか難しい点も多々あります。

このような場合、筆者の経験では、外部の大学・研究機関や人材の支援を求めることも有効ですxv。大学等の支援は、専門的知見の活用制度（自治法100条の2）として、委託契約等の形式で外部機関に専門的・技術的な支援を求めることが可能です。また、同じ自治体の執行部職員を議会事務局職員に併任発令することもありえます。そのほか、自治法上は、自治体の機関の共同設置xvi を認めており、限られたマンパワーの有効活用も制度上可能です。

i　日本国憲法92条には「地方公共団体の組織及び運営に関する事項は、地方自治の本旨に基いて、法律でこれを定める」と規定されています。

ii　田中二郎『新版　行政法　中巻〈全訂第2版〉』（弘文堂、1976年）73頁、辻村みよ子『憲法〈第6版〉』（日本評論社、2018年）495頁、長谷部恭男『憲法〈第6版〉・新法学ライブラリ2』（新世社、2014年）447頁等参照。

iii　津軽石昭彦「政策立案における議員と議会事務局との望ましいコラボレーションのあり方」地方自治職員研修2010年7月号（公職研、2010年）26～28頁参照。

iv　変えなきゃ！議会自治体議会改革フォーラムホームページ（2020年7月1日更新）によると、2019年4月1日現在、全国888自治体（49.7％）で議会基本条例が制定されています（http://www.gikai-kaikaku.net/gikaikaikaku_kihonjourei.html）。

v　公益財団法人日本生産性本部では、「顧客満足」の向上をめざした、企業の組織マネジメントの評価システムである「日本経営品質賞」を1995年に創設し、毎年度様々な企業、団体が受賞し、国内の組織の経営改革の参考とされています。この経営品質の考え方は、今では企業のみならず、行政機関や学校、病院などの公共的な施設、非営利組織などの組織マネジメントの質的向上にも活用されています（https://www.jqac.com/）。

vi　本評価システムは、「地方議会における政策サイクルと評価モデル研究会」（顧問：北川正恭・早稲田大学名誉教授、座長：江藤俊昭・山梨学院大学法学部教授）が、2019年度に構築に取り組んでいるものです。筆者もメンバーとして加わり、同研究会では2016年度より、議会活動の質的向上による住民福祉の向上を実現するため、「議会からの政策サイクル」の展開と、その評価の仕組みについて、全国の議会改革に取り組む議会や議員の有志と研究者等が、実践的な研究を重ねています。
（問合せ先）公益財団法人日本生産性本部　地方議会改革プロジェクト事務局

vii　総務省「地方議会・議員のあり方に関する研究会（第4回）」資料4-1（https://www.soumu.go.jp/main_content/000667313.pdf）参照。

viii　従来の総務省の解釈では、自治法138条の4第3項は執行機関に附属機関を設置できることを規定しており、その反対解釈として議会に附属機関を設けることはできないと解されてきましたが、現実には、例えば、三重県議会基本条例では、議会に外部有識者等による附属機関や調査機関の設置を可能とする規定（三重県議会基本条例12条、13条）があるなど、より分権的な解釈も出てきています。

ix　仙台市、相模原市、尼崎市、多摩市、国立市などでは市民団体が「議員通信簿」を公表しています。

x　2019年4月7日付け東京新聞では、淑徳大学の学生が千葉市議会の議員の質問内容等の評価したとの記事が掲載されています。

xi　たとえば、大津市議会では、任期中の議会としての重点的な取組事項を「大津市議会ミッションロードマップ」として公表し、「議員提案条例の検証」などの項目が含まれています。

xii　会津若松市議会では、議員が分野ごとに分科会形式で学習を進め、その結果を議員全員による政策討論会で討論し、議会としての政策形成に役立てています。会津若松議会ホームページ（https://www.city.aizuwakamatsu.fukushima.jp/bunya/shigikai/）参照。また、飯田市議会では、委員会をベースにした政策研究の結果を、議員全員による政策討論会で討論し、議会の政策形成の取組みを進めています。飯田市議会ホームページ（https://www.city.iida.lg.jp/soshiki/12.html）参照。

xiii　総務省「地方議会・議員のあり方に関する研究会」第1回（2019年6月開催）資料「地方議会に関する基礎資料」よると、議会事務局の平均職員数（2018年7月1日現在）

は、都道府県40.3人、政令指定都市34.1人、市では、20万人以上30万人未満で13.1人、市全体の約3割を占める5万人未満の市は4.5人、町村では、2.5人となっています。

xiv たとえば、国立国会図書館の調査及び立法考査局では「レファレンス」、参議院事務局調査室では「立法と調査」などの議員向けの政策調査資料を定期的に発行しています。

xv たとえば、岩手県の旧・江刺市（現・奥州市）では、早稲田大学マニフェスト研究所からの立案支援を受けて、議員提案条例を成立させています。詳細については、拙著「地方議会における議員提案条例の意義」自治体学会編『年報自治体学19号　自治体における代表制』（第一法規、2006年）100〜124頁を参照。

xvi 自治法252条の7第1項では、「普通地方公共団体は、協議により規約を定め、共同して、……議会事務局……を置くことができる」とされています。

このようなときには、どんな議員提案条例があるか
（条例ベンチマーキング編）

【第9章のポイント】

(1) まず、他の自治体の条例をベンチマーキングすることが大切である。

(2) 条例のベンチマーキングには、インターネット上のサイトを活用することが有効である。

(3) ベンチマーキングした他の自治体の条例を模倣するのではなく、自らの自治体の実情にあわせてカスタマイズすることが重要である。

最近の議員提案条例の傾向はどうか

これまで、議員提案条例について、実務的な側面から総論的な解説をしてきました。

この章では、各論的な面での、最近の議員提案条例の傾向を概括的に整理し、その後、具体の事例を紹介します。

都道府県議会の場合

都道府県議会について、2015年以降、議員提案により政策的議員提案条例の内容をみると次のような傾向がみられます。

ア　保健福祉、教育、生活安全分野に関する条例制定が多くみられること

学校でのいじめや不登校の顕在化などを典型に青少年育成、教育に関する課題が各地で発生したこと、障害者への差別を原因とする事件が発生したこと、また、生活習慣病予防などの健康意識が高まっていること、飲酒運転の増加や消防団員の不足など身近な住民生活の安全安心に関心が高まっていることなどを背景に、保健福祉、教育、生活分野など、住民生活密着型の条例が多くみられました。

具体的には、保健福祉関係では、いじめ対策や子供に対する虐待に関する対策を総合的に進める「静岡県子どもいじめ防止条例」や「子ども虐待防止条例」（千葉県、岡山県、埼玉県、茨城県）、人口減少社会を反映して子育てに関する総合的対策を定める「子ども子育て条例」（宮城県、香川県、徳島県、山梨県）、がん対策に関する条例（青森県、山形県、石川県、茨城県、新潟県）、教育関係では、家庭教育を進める「家庭教育支援条例」（群馬県、

茨城県、宮崎県）、障害者への差別や偏見をなくするための「障害者差別防止条例」（埼玉県、岐阜県）や手話言語の使用環境を整備する「手話言語条例」（群馬県、三重県、沖縄県、秋田県、山形県、茨城県、静岡県）などがあります。また、生活安全関係では、「飲酒運転対策条例」（北海道、福岡県）、「消防団員人材確保条例」（徳島県、静岡県）、「自転車安全通行条例」（滋賀県、千葉県、鹿児島県、北海道）などがあります。

イ　産業振興関連の条例が依然として多くみられること

　農林水産業も含めた産業振興分野の条例制定は、以前から政策的議員提案条例の中では多くみられましたが、人口減少社会の中での地元の雇用確保、地域の振興の観点から産業振興を求めるニーズが高いことなどを反映して、最近の立法例でも、比較的多く制定されています。

　農林水産分野では、安全・安心な農林水産物の供給の地産地消や食育の推進を関連付けた「食と農林水産業の振興に関する条例」（岩手県）、地元産木材の利用を進める「木材利用促進条例」（秋田県、栃木県、兵庫県、岡山県、香川県、高知県）などがあげられます。また、国が規制緩和の一環として、2018年4月に、コメ、麦、大豆等の主要作物の優良種子の生産を都道府県に義務付けていた「主要農産物種子法」を廃止したことにより、農家への優良種子の安定供給を確保するために、「主要農産物種子条例」（埼玉県）として独自条例を議員提案で制定した例があり、国の規制緩和と自治体政策の関係を考える上で興味深い点があります。

　観光分野では、地域の観光振興を進める「観光振興条例」（福岡県、大分県）、地域産業の振興の分野では、地場産業や中小企業の振興を進める「中小企業振興条例」（滋賀県、島根県、宮城県、福島県、広島県）などがみられます。また、従来、市町村で多くみられた地酒の消費拡大による地元酒造業の振興をめざす「乾杯条例」（滋賀県、長野県、長崎県）が都道府県にもみられます。

ウ 議会機能強化のための行政監視型条例の制定もさらに検討する必要があること

2000年の地方分権一括法施行直後には、総合計画を議決事項に追加する、いわゆる計画議決条例や議会の会期を延長する条例、自治体契約の議決対象を拡大する条例、一定の出資法人の運営評価と議会報告を求める条例など、議会機能強化に関する意識の高まりを背景に、議会の権能を高める行政監視型条例の制定がみられましたが、近年はこの分野の条例提案は少ない傾向にあります。

議会の機能強化については、まだ多くの論点がありますが、計画議決条例も多くの団体で制定され、議会の機能強化については、一定の環境整備は整備されたとみることもできますが、まだ議会の会期や出資法人、契約に関する条例制定の例は多くはなく、さらに検討の余地があるものと思われます。

エ いわゆる「政策理念条例」が多いこと

条例の規定内容では、議会機能強化に係るもの以外では、各行政分野について、施策推進における基本理念や、それを受けた基本的な施策の考え方を示し、執行機関に特定の施策推進を求める、いわゆる「政策理念条例」が多い傾向があります。

条例を執行する行政と住民との関係では、啓発普及などの施策推進に当たっての情報提供施策などが中心であり、具体の義務付けや、その実効性担保としての罰則等を規定した条例の例は少ないようです。

都道府県議会における議員提案条例では、いわゆる「政策理念条例」が多い背景としては、①市町村に比較して広域自治体である都道府県の場合、広域的な課題に対応する政策手法として、計画策定や財政的支援など施策誘導的な手法によることが多いこと、②広域的な政策課題では地域間、住民・事業者間の利害調整が難しく、規制的な手法の導入が難しいこと、③地方分権に進展により、住民に関わる具体の事務権限が都道府県から市町村に委譲されてきており、直接住民に関わる分野に関する規制等を都道府県条例では取り上げにくくなってきていること、などが考えられます。

市議会の場合

　市議会について、2015年以降、議員提案により制定された条例の内容をみると次のような傾向がみられます。

ア　議会基本条例、議会改革による条例が継続していること

　地方分権一括法施行後、自治基本条例、議会基本条例が多くの市議会で制定されている事例がみられましたが、近年は自治基本条例の議員提案による制定はみられませんでした。また、議会基本条例については、未だ未制定の市もあることから制定が続いています（糸魚川市、小諸市、小金井市、山梨市、秩父市、御前崎市、南丹市、尼崎市、美作市、長門市、須崎市、山鹿市、別府市、宜野湾市など）。

　議会基本条例は、議会運営の基本的な方針、議会と住民との関係、議会と執行機関との関係などについて規定されていることが多く、首長とともに二元代表性の一方の担う議会に関する最高規範としての意味をもつものです。議会基本条例が制定される意義は、①議会改革との関連性が深いこと、②制定過程を通じて議会、住民の意識改革が同時に進むことが期待できること、③議会・市民の意識改革の結果として議会の機能強化が期待できること等の制定プロセスによる効果が考えられます。一方で、議会基本条例の内容について、制定事例が相当数にのぼっていることから、一定のパターンが定まってきており、画一化が進行しているようにも見受けられます。制定前の必要性に関する議論や制定後の実際の運用等について、実質的に、議会での議論や活動の活性化につながるよう、各議会が、より一層自覚をもって取り組んでいくことが求められます。

　また、個別の事例をみると、議会と大学等との連携による議員の資質向上をめざすもの「所沢市議会政策研究審議会条例」、通年議会の開催によるもの（四条畷市）、政務調査費に関するもの（阪南市、四国中央市、西海市）など、議会改革の取組みによると考えられる条例制定も散見されます。

イ　地酒等の乾杯条例のほか、地場産業の振興に関わる条例が多いこと

　地元の産業振興の一種として地元産の清酒等の消費拡大を図る、いわゆる「地元酒等の乾杯条例」の制定事例が2015年から2016年までの２年間で12例にも登っています。地元酒をはじめとする地場産業を応援する趣旨での制定と考えられます。乾杯条例については、数多くの自治体で制定されていますが、条例制定に当たっては、条例の必要性、施策としての検証方法などについて十分な検討が必要です。そのうえで、制定されたのであれば、自治体の条例として十分に意義が認められますが、議論のプロセスを十分に明らかにしていない自治体もみられ、今後、さらなる検討が求められます。

　このほか、地元の産業振興、地場産品の振興をめざした制定例としては、数の子（留萌市）、米（坂井市、木更津市）、お菓子（名張市）、魚食の普及（ひたちなか市）、お茶（舞鶴市）など、地域の個性を反映したものがみられます。

ウ　住民生活に身近な内容がみられること

　都道府県議会でも生活者視点の住民生活に密着した条例が、比較的多く取り上げられていますが、市議会では、住民に近い自治体として、より個別、具体的で住民生活に直結したテーマが取り上げられていることが特徴的です。

　たとえば、路上での喫煙や歩行喫煙を禁止する「喫煙防止条例」（仙台市、逗子市）、空き家や空き地、いわゆるごみ屋敷の適正管理を進める「空き家・空き地・ごみ屋敷対策条例」（白石市、上越市、寝屋川市、横須賀市）、自転車の放置、安全通行に関する「自転車利用条例」（三次市、桶川市、静岡市）などが制定されています。

　このほか、迷惑行為以外でも、地域の福祉教育や安全安心の観点からの条例制定として、安全安心なまちづくりに関するもの（秩父市）、手話言語の普及に関するもの（名寄市、神戸市、桶川市、大阪市、京都市など）、いじめ防止に関するもの（川口市）、家庭教育支援に関するもの（千曲市）などがあげられます。

　これらのうち、特に路上喫煙、自転車放置などの迷惑行為に関する条例に

は、行為の禁止、制限区域の設定なども規定されているものがあり、政策理念的な内容が多い都道府県議会とは趣を異にする面があります。

このように、市議会において、個別、具体的なテーマが条例化され、規制措置まで規定されている背景としては、①基礎自治体として、地域課題を明確にしやすいこと、②迷惑行為等の地域課題に対する対応について議会内の意見が一本化しやすいこと、③同様な地域課題を抱える市町村間で情報共有されやすく、類似の内容をもつ条例が制定される傾向があること、などが考えられます。

2 実際の立法事例を概観してみよう

　では、実際の議員提案条例の立法例について、条例のタイプ別にＱ＆Ａ形式で概観してみたいと思います。

　ここに掲げた条例以外にも様々な条例が議会で提案されています。条例の制定に当たっては「身の丈主義」で立案することが大切です。いきなり他の事例を模倣するのではなく、各自治体の実情や実効性を考慮し、不都合の点は順次改正によるカイゼンを図っていくことが適当と考えます。

　なお、国の法令や他の自治体の条例等について調べる際に、インターネット上のデータ・ベースを活用することが有効です。主なデータ・ベースとしては次のようなものがあります。

◇e-Gov（電子政府の総合窓口）法令検索（総務省　行政管理局）

　https://elaws.e-gov.go.jp/search/elawsSearch/elaws_search/lsg0100/

◇全国条例データベース（鹿児島大学司法政策教育研究センター）

　https://elen.ls.kagoshima-u.ac.jp/

◇条例 Web アーカイブデータベース（条例 Web 作成プロジェクト）

　https://jorei.slis.doshisha.ac.jp/

◇条例の調べ方（国立国会図書館リサーチ・ナビ）

　https://rnavi.ndl.go.jp/research_guide/entry/post-611.php

首長と議会とのルールを定めた条例の事例

Q1 自治体の重要政策について、議会の意見をより反映させるためにはどうすればよいか。

A 自治体の将来構想に基づく基本的な重要政策は、通常、総合計画や各行政分野別の部門別計画として形成されます。これらの計画は、2011年以前は市町村の場合は総合計画の基本構想部分は議会の議決事項となっていますが、現在は議決事項からは削除され、議会での質問以外に、法律上は議会が関与する根拠がなく、住民や議会の意見を反映させる仕組みとはなっていません。そこで、総合計画や主要な部門別計画について、議会の議決事項とする「総合計画等の議決条例」が制定されています。

このような条例をつくることにより、議会審議の中で、県や市町村の基本政策について議論していくことが可能となります。また、条例の中で議会への事前報告や住民へのパブリック・コメントを義務付ける規定等を設けることにより、住民が自治体の基本政策の形成に参加する機会を増やすことにもつながります。

【参考事例】総合計画等の議決条例の例

条例名	県行政に関する基本的な計画の議決に関する条例（平成15年岩手県条例第59号）
目的、趣旨	地方自治法第96条第2項の規定に基づき、県行政の総合計画及び部門別計画を議決対象とし、立案段階からの県民及び議会の積極的な参加の下で、わかりやすく実効性の高い計画の策定を図り、県民の視点に立った効果的な県行政の推進に資すること。
条例の特色	（1）総合計画及び行政部門別の計画の策定等に先立ち、議会への報告及びパブリックコメントを行うこと。 （2）計画の策定に際して、実効性の根拠資料を議会に提出した上で議会の議決を得ること。 （3）総合計画の実施状況について、毎年度議会に報告すること。
類似事例	三重県、宮城県、長崎県、香川県、埼玉県など

Q2 県や市町村の財政支出のうちで多くを占める補助金交付の内容は住民にはほとんど知らされていないが、透明性を高める方法はないか。

A 通常、自治体が市町村や団体などに交付する補助金、負担金、利子補給金などは、議会の予算審議で補助事業の概要や金額は審査の対象となりますが、補助金等が「誰の、どのような事業に対して、いくら支出されているのか」などの個別の情報は、住民や議会へはほとんど知らされていません。

　そこで、補助金交付に当たっての基本的な考え方を明らかにし、一定の補助金の交付決定について、議会に報告し、その効果について議会が関与して検証する旨の規定を設けたのが三重県の「補助金の在り方条例」の事例です。これにより、補助金を交付した事業の内容や金額、効果などについて議会と住民に公表され、適正な補助金交付を期することができます。

【参考事例】補助金の在り方条例の例

条例名	三重県における補助金等の基本的な在り方等に関する条例（平成15年三重県条例第31号）
目的、趣旨	補助金等の交付目的を確実かつ効果的に達成するため、補助金等の基本的な考え方、見直し、評価等について定め、透明性の高い、効率的な県政の実現に資すること。
条例の特色	（1）公的助成の方針を公益性、官民役割分担、透明性等の見地から定めていること。 （2）補助金等の見直しに関する考え方を定めていること。 （3）予算審議に際し、1件1,000万円以上の補助事業に関し議会に資料提出すること。 （4）1件7,000万円以上の補助交付決定に関し実績調書を議会に提出すること。 （5）実績調書記載の事業について継続的評価を行い、議会報告、公表すること。 （6）補助金等の交付状況について年次報告をすること。 （7）議会が補助事業の評価や資料提出要求等の措置をできるものとしたこと。 （8）1件7,000万円以上の補助金等についての情報公開をすること。

Q3 県や市町村が行う契約に対して、議会のチェック機能を高めるにはどうしたらよいか。

A 自治体が行っている契約のうち、一定の規模や金額のものについては自治法96条1項5号の規定により、議会の議決事件とされ、議会のチェック機能が働いていますが、一定の規模や金額に達しない契約や、地方公営企業が行う契約、自治体の出資法人が行う契約については、地方自治法上、議会のチェックは及びません。

特に、地方公営企業や自治体の出資法人の行う契約には、多額の税金が使われることがあります。また、最近では、公立病院事業などを行う地方公営企業や観光施設を運営する第3セクターなどが、社会の環境変化についていけずに、巨額な赤字を抱えている事例が多く聞かれ、地方公営企業や自治体の出資法人の運営の監視強化や透明性の向上が課題になっています。

そこで、地方自治法に定める契約以外の契約についても、地方公営企業や出資法人が行う契約も含めて、議会への報告事項とした、議決事件以外の契約事項報告条例が三重県や四日市市で制定されています。これにより、契約の透明性を高め、財務運営の健全性についての議会を通した住民の監視機能を強化することが期待されます。

【参考事例】 議決事件以外の契約事項報告条例の例

条例名	議決事件に該当しない契約についての報告に関する条例（平成14年四日市市条例第25号）
目的、趣旨	議決事件とされる契約を除く契約について議会への報告義務を課すことにより、議会の検査機能の充実を図り、市の出資法人が締結する契約の透明性を高め、契約事務の適正に資すること。
条例の特色	（1）市が賃借人となる予定価格2,000万円以上の賃貸借契約及び地方公営企業の業務に関する予定価格1億5,000万円以上の工事または製造の請負契約の内容について議会への報告事項としていること。 （2）市の出資法人が発注する予定価格1億5,000万円以上の工事または製造の請負の契約で、その財源の全部または一部が市負担であるものについて、出資割合2分の1以上の出資法人については義務

	として、4分の1以上の出資法人については努力義務として、報告事項としていること。 （3）議会は、必要に応じて意見を述べることができること。
類似事例	三重県、長崎市、京丹後市、桑名市、嬉野市

Q4 人口減少の中、議会も首長とともに自治体経営に責任を持つ立場として、自治体の持続可能な財政運営について、議会がチェックしたり、関与する仕組みを導入する方法はないか。

A 自治体の予算の編成・提案・執行に関する権限は首長にあります。すなわち、自治法149条2号では首長の事務として「予算を調製し、及びこれを執行すること」とあり、自治法112条1項ただし書では「議員は……議案を提出することができる。但し、予算については、この限りでない。」と規定されており、議員は予算の編成プロセスに関与することは制度的にはできない仕組みとなっています。

一方、二元代表制のもとで、議員も住民の代表として、首長とともに自治体経営に対する責任の一端を有しているといえます。当然、自治体の持続可能な財政運営についてもチェックする責任があります。

そこで、議員も適正なチェックができるよう、財政の健全性の有無について必要な情報を入手する必要があります。

横浜市では、議会も市の財政の健全性、持続可能性について首長ともに責任を有するとの考え方から「横浜市将来にわたる責任ある財政運営の推進に関する条例」を2014年に議員提案で制定しました。財政健全化に関する条例は、岐阜県多治見市、大阪府などで先行例がありますが、いずれも首長提案で、横浜市の場合は、責務規定（3条）に、予算議決、決算認定を行う議会もしっかりと行政を監視する責務を負うことを規定しています。議会も財政健全性維持を首長に任せきりにするのではなく、一定の責任を共有するという、「財政責任の共有」というコンセプトは評価できます。

条例制定時に、横浜市議会の自民党会派の条例制定プロジェクトチームの話では、「同市は現時点では財政的な健全性を維持しているが、将来的にも

健全性を保つ必要がある」という考えを前提に、「同会派が、選挙のマニフェストに掲げた様々な政策の推進に当たり、市の財政の健全性を損なうことなく政策を推進していく必要がある」という発想が根底にあり、制定されたものです。制定には3年余りを要し、他会派の協力も得ながら制定にこぎ着けたとのことです。

　また、「議会は首長の執行権や予算編成権に踏み込めないことから、条例により議会に提供された様々な情報をもとに、議会での議論のきっかけとして財政責任条例を活用している」とのことであり、行政監視型条例を制定することにより、議員側も首長の行政運営に枠をはめたり、コントロールするのではなく、有効な議論をするためのツールとして条例を活用しているのです。

【参考事例】横浜市将来にわたる責任ある財政運営の推進に関する条例

条例名	横浜市将来にわたる責任ある財政運営の推進に関する条例（平成26年横浜市条例第29号）
目的、趣旨	市が行政需要の高度化及び多様化その他の社会経済情勢の変化に的確に対応しつつ、柔軟で持続可能な財政構造を構築し、自主的かつ総合的な施策を実施するため、財政運営に必要な事項を定め、市民の受益と負担の均衡、必要な施策の推進と財政の健全性の維持との両立を図り、将来にわたる責任ある財政運営の推進に資すること。
条例の特色	（1）市における財政運営の基本原則として、①安定的・持続的な財政運営、②資産の適正な保有・管理と有効活用、③公共サービスの受益と負担の均衡を示していること。 （2）具体の財政の中期目標の設定を義務付けていること。 （3）財政の中期目標の進捗状況の議会への報告、将来推計の公表などを義務付けていること。
類似事例	岐阜県多治見市、富山県滑川市、埼玉県富士見市、大阪府など（いずれも首長提案）

住民と自治体との関係のルールを定める条例

Q5 議会が住民の代表として、住民とともにまちづくりの基本となる自治基本条例をつくりたいと考えているが、自治基本条例を議員提案で制定する際の留意点は何か。

A 「自治基本条例」とは、名称は「自治基本条例」、「まちづくり基本条例」、「行政基本条例」など様々ですが、「まちの憲法」として、①住民自治の基本原則の明示（住民参画、情報共有など）、②他の条例に対する最高規範性、③住民参加手続（住民投票、パブリックコメントなど）、③基本的な自治体運営の基本方針や政策決定手続（総合計画、予算編成、政策評価など）など、その自治体における住民自治と団体自治に関する基本的な事項が規定されているのが一般的です。2019年12月1日現在、全国で自治基本条例は390自治体で施行されており、制定割合は全自治体の約2割程度となっています[i]。なお、「まちづくり条例」という名称で、環境保全や景観保護、秩序ある土地利用促進などの目的で制定されている事例もありますが、これは「最高規範性」を有しない点で、一般の「自治基本条例」とは別の類型になります。

自治基本条例は、首長提案の場合が通常ですが、議員提案で制定された事例もあります。議員提案で自治基本条例を制定する際のメリットとしては、首長が制定する場合に比較して、議員は各地域の住民の代表として、より住民に近い立場にありますから、条例の立案過程に住民を巻き込みながら制定するプロセスをつくることが仕組みやすいということがあげられます。

飯田市議会では、2002年度に「市民に開かれた議会」「活動する議会」への転換を決定し、超党派による議会改革の検討の中で、市民・議会・行政が連携して条例制定を進める必要があるとの認識のもと、「市民会議」の設置が提言されました。2004年には、全国初の議会が設置した「わがまちの憲法を考える市民会議」が発足し、自治基本条例制定に向けた検討が進められ、最終答申書が議長に提出され、これを受けて議会に「自治基本条例特別委員会」が設置され、地区説明会、パブリックコメント、自治基本条例シン

ポジウムの開催などを経て、2006年、自治基本条例が議会議案として提案、成立しました[ii]。

　飯田市の自治基本条例では、住民に近い議会が提案することにより、住民の意識を高め、制定プロセスに住民が参画したことのほかに、規定内容にも議会の役割等が含まれている点でも特徴的です。

　このように、議員提案でまちづくり条例を制定する場合は、首長提案に比較して時間はかかりますが、議員自らが議論を続け、住民と対話しながら、制定作業を進めることが、制定後のまちづくりにもよい影響を与えるものと考えます。また、その後の議会改革の点でもよい影響を与えているといえます。その意味で条例制定のプロセスがより重要な意味を持ちます。

【参考事例】 自治基本条例の例

条例名	飯田市自治基本条例（平成18 年飯田市条例第40号）
目的、趣旨	自治の基本的な原則及びまちづくりに関する市民、市議会及び市の執行機関の役割を明らかにするとともに、市政運営についての基本的な指針を定めることにより、市民が主体のまちづくりを協働して推進すること。
条例の特色	（1）自治及び市政に関する基本的な原則を定めた最高規範であり、市民及び市は、この条例を誠実に遵守すること。 （2）自治の基本原則として、市民協働、市民主体、情報共有、参加協働を掲げたこと。 （3）自治法202条の4第1項に基づく「地域自治区」を設置し、地域の市民活動を進める仕組みについて規定していること。 （4）議会の役割のほか、執行機関における情報公開、説明責任、財政状況の公表、行政評価等の実施について規定していること。 （5）市政の特に重要な事項に関する住民投票について規定していること。
類似事例	新潟県（旧）吉川町（現在は上越市に合併）

3 特定の行政分野について定めた条例の事例

 Q6 産業振興に関する条例をつくりたいと考えているが、議員提案で制定する際の留意点は何か。

A 産業振興に関する条例の場合、中小企業振興に関する条例や農業振興に関する条例などの立法例があります。

　条例の基本的な内容は、政策理念的なものが中心となる場合が多く、「基本理念」、「計画」、「施策」などの項目が盛り込まれることが想定されます。さらに、施策の推進状況についての「議会報告」や「住民への公表」に関する規定があれば、PDCAサイクルの仕組みを条例の中でつくり出すことができます。

【参考事例】産業振興に関する条例の例

条例名	会津若松市食料・農業・農村基本条例（平成14年会津若松市条例第1号）
目的、趣旨	農業や農村の直面する厳しい状況を背景として、地産地消の推進、農業の持続的発展等を指向して、食料、農業及び農村のあり方についての基本理念、食料、農業及び農村に関する基本的な施策等を定め、安全で安心な食料の安定供給や環境の保全に配慮し、持続的に発展する農業の確立及び豊かで住みよい地域社会の実現に寄与すること。
条例の特色	（1）基本理念として、「消費者及び生産者の食料安全保障」、「循環型農業の推進」「農業の多面的機能の維持増進」などの考え方を示していること。 （2）関係者の責務として、市民に対しては地場産品の愛用、農業者に対しては安全な食料供給と主体的な農村振興への取組み、事業者に対しては地場産品の提供・啓発宣伝を規定していること。 （3）市の食料、農業、農村施策の基本方針を定めていること。 （4）市に食料自給率及び農地の有効利用に関する目標を含む基本方針の策定を義務付けていること。 （5）食料に関する施策として、安全な食料の安定供給、会津ブランドの確立を定めていること。 （6）農業に関する施策として、環境調和型農業の推進、担い手の育成確保、集落営農による生産性向上、農地の確保及び有効活用、

	農業経営の安定、農業情報化の推進を定めていること。 （7）農村に関する施策として、農村の総合的な振興、快適な農村生活環境の整備、都市と農村の交流の推進、食・農教育の推進について定めていること。
類似事例	（旧）燕市中小企業振興条例（平成14年燕市条例第43号）（中小企業の振興に関するもの）

Q7 水源地域に事業場が立地する予定があり、飲料水の水質保全を図る必要がある。水源保護に関する条例をつくりたいと考えているが、議員提案で制定する際の留意点は何か。

A 　水源保護条例とは、住民の飲料水の安全性を確保するために、上水道を取水する河川や地下水脈などの水質保全を図るための条例です。最近では、水源地域に水質を汚染する可能性のある工場や廃棄物処理施設などが立地する場合の規制や水源地域での行為規制、定期的な水質検査の報告、水質や土壌が汚染された際の浄化措置、水源涵養のための取水規制、水源保護のための事業者協力金や基金、立入検査、勧告・公表などの制度を盛り込んだものが多いようです。

　水質検査や浄化措置などを事業者に義務付けたり、住民に行為規制を求める場合は、権利義務に関わる条例となるため、過度な規制とならないよう十分な検討が必要です。また、実効性ある制度の運用を図るため、立案段階から執行機関と運用に向けた調整を十分に行っておく必要があります。特に、水質検査などに際しては一定の予算や人員などの準備も必要ですから、制度の施行期日なども一定の余裕をみておく必要があります。

　また、議員提案条例で水源保護に関する条例を制定する際には、住民の代表である議員が提案する条例であるという特性を活かして、制定過程に住民との意見交換会やシンポジウムを開催し、地域の関心を高めたり、条例自体に住民による参加や監視の仕組みを組み込むなどの工夫をすることにより、条例制定の意義をさらに深めることができます。環境や食、福祉、教育など住民生活に密着した分野では、住民参画の手法を取り入れることが有効だと

考えます。

【参考事例】水源保護に関する条例の例

条例名	小金井市の地下水及び湧水を保全する条例（平成16年小金井市条例第2号）
目的、趣旨	飲料水の約7割を地下水に依存する小金井市において、近年の都市化に伴う地表被覆や水脈の分断、汚染が懸念されることから、地下水の涵養を進め、地下水脈の分断を防ぎ、地下水の適正利用と安全な飲料水を確保し、地下水及び湧水の回復を図ること。
条例の特色	（1）事業者、大口地下水利用者の責務として、地下水・湧水の保全措置、節水等を定めていること。 （2）市の地下水の水位、水質等の現況把握、地下水に影響を及ぼす工事への措置等について定めていること。 （3）地下水に関する情報分析等のための学識経験者等による地下水保全会議を設置していること。 （4）地下水源確保のための市民に対する雨水浸透施設や雨水貯留施設の設置協力、節水努力義務などを求めていること。 （5）地下水の流れに影響を与える工事の届出を定めていること。 （6）水質汚染防止、汚染の際の措置について定めていること。 （7）工場等での化学物質の使用実績等を定期的に報告すること。
類似事例	座間市の地下水を保全する条例（平成10年座間市条例第19号）

Q8 街中でマナーのよくない自転車通行が多く、通行の妨げや自転車による事故が懸念される。条例による対応はできないか。

A 日常生活の中で、狭い道や人通りの多い市街地の道などで、マナーの悪い自転車運転者が高齢者や子供に衝突しそうになる等の光景が頻繁にみられる場合、地域課題となる場合があります。自転車については、道路交通法上の軽車両に該当することから、無灯火運転、2台が並んで進む並進などの規制は警察の権限であり、学校における自転車通行の安全教育は学校長の裁量であるなど、自転車の安全利用が、生活者である住民にとって身近な課題であるにもかかわらず、自治体の権限行使をできる範囲は限定的です。

そこで、自転車の安全利用の促進についての条例を設けている自治体があり、全国で102団体（2020年4月1日現在、公益財団法人交通管理技術協会調べ）に上ります。条例では、利用者の安全利用、安全教育、自転車の点検整備、利用者の損害賠償責任保険の加入、販売事業者の損害賠償責任保険の確認等についての規定を設けている条例が一般的ですが、押し歩き区間の指定（福岡市、仙台市など）、保険加入の義務付け（京都市、仙台市、神奈川県など）などの規定を設けている例もあります。このうち、押し歩き区間については行政指導にとどまり、保険加入の義務付けについても違反者への罰則等はなく、実効性の担保をどこまで行うかについて、地域の実情に応じた検討が必要です。

この中で、鎌倉市では、2012年3月に「鎌倉市自転車の安全利用を促進する条例」を議員提案で制定しました。鎌倉市では、議会改革の一環として政策条例の立案を検討していた中で、市内には、地形的に狭い道路や坂道などが多く自転車通行帯の設置が難しい箇所があること、高齢化率が近隣自治体に比較して高く、高齢者や子供の自転車事故の危険があったこと、自転車事故の損害賠償や商店街への自転車乗り入れが社会的に問題になっていたことなどから、議員間の勉強会を立ち上げ、議員提案による条例制定に至ったとのことです[iii]。鎌倉市条例では努力義務規定が多く、実効性の担保の点で疑問なしとしませんが、比例原則の考え方から、規制の手段は地域の実情に段階的に強化することが望ましいとされています。努力義務→行政指導（勧告）→行政処分（命令）→間接強制（罰則）というように実態に即した制度改正も必要な場合もあります。

自転車安全使用の促進のように、自治体行政の所管が明確でない分野については、議員提案による条例制定が迅速に行える場合もあります。

【参考事例】　自転車安全利用促進条例の例

条例名	鎌倉市自転車の安全利用を促進する条例（平成24年鎌倉市条例第40号）
目的、趣旨	環境にやさしく身近な交通手段である自転車の安全な利用を促進することにより、自転車と歩行者及び自転車以外の車両との共存を

	実現し、交通安全の確保に寄与するとともに、市民等の安全と快適な生活を確保すること。
条例の特色	（1）自転車利用者の責務として、歩行者の通行を妨げない速度及び方法での通行、13歳未満の子どもにヘルメット着用、携帯電話、イヤホン等の使用中の運転禁止、商店街での必要に応じた押し歩きなどを定めていること。 （2）自転車損害賠償責任保険等への加入の努力義務を定めていること。 （3）自転車小売業者等の購入者等への保険等に関する情報提供、加入促進の努力義務を定めていること。 （4）小中学校、市による自転車安全教育の実施について規定していること。 （5）市長が自転車安全総合推進計画を策定すること。
類似事例	茨城県、板橋区、京都府など（首長提案によるもの）

Q9 街中に風俗環境を乱すピンクちらしが氾濫して教育上、景観上問題がある。ピンクちらし規制に関する条例をつくりたいと考えているが、議員提案で制定する際の留意点は何か。

A 風俗店等の広告宣伝のために繁華街などの、電柱、電話ボックス、建物の壁面などに一面に貼り付けられたいわゆるピンクちらしについて、青少年の教育、街の景観保全などの観点から規制する条例が、いわゆるピンクちらし規制条例です。

このタイプの条例には、ちらしの掲示・貼付などの行為の禁止、貼り付けられたちらしの除去、重点地域の指定などに関する規定が設けられ、罰則を設けている事例もあります。

この種の条例を制定する際に検討を要する事項としては、①立法事実からみて条例制定をしなければならない切迫した必要性が認められるか、②ちらしの掲示禁止や除去が営業の自由などを著しく害するものとなっていないか、③屋外広告物条例などの既存制度とのすみ分けが十分になされているか、④罰則について特に直罰規定を設ける場合必要最小限のものか、⑤取締りの実効性が上がる運用を期待できるか、などが考えられます。

これらのうち、特に立法事実からみて切迫した条例の必要性については、規制が厳しいものであればあるほど十分な説明が必要です。この条例の場合も、ピンクちらしの貼付箇所数、枚数などのほか、青少年犯罪の発生状況、近隣の教育施設の状況、住宅地域との距離など、規制の合理性を説明する詳細な数値的データの収集にも気を配る必要があります。

【参考事例】ピンクちらし規制条例の例

条例名	福岡市ピンクちらし等の根絶に関する条例（平成14年条例第60号）
目的、趣旨	ピンクちらし等が市内に氾濫しており、このことが青少年の健全な育成を阻害するとともに市の美観風致を損なっていることの重大性にかんがみ、ピンクちらし等を掲示する行為等を処罰し、何人もピンクちらし等を除却・廃棄することができることとするなどにより、ピンクちらし等の根絶を図り、青少年の健全育成と美観風致の維持に資すること。
条例の特色	（1）事業者等のちらしの除去努力義務等を定めていること。 （2）電話ボックス等へのちらしの貼り付け、配布などを禁止していること。 （3）何人もちらしの除去をできるものとしていること。 （4）条例違反のちらしの除去命令等について定めていること。 （5）条例の違反者を100万円以下の罰金刑に処すること。
類似事例	宮城県ピンクちらし根絶活動の促進に関する条例（平成13年宮城県条例第32号）

Q10 住宅地や公共の場での飼い犬の散歩などの際のフンの放置が問題となっている。条例により規制することはできないか。

A ペットの散歩などの際に、フンや毛が放置され、近隣住民に著しい迷惑をかけているような事例がある場合の規制する方法としては、著しい迷惑行為自体を規制する方法と、地域指定をしてその地域内の迷惑行為を規制する方法の2つが考えられます。

迷惑行為を規制する方法としては、飼い主にフンの持ち帰り等を義務付け、その義務に違反した場合に、指導、勧告、命令、公表などの制裁規定を

設ける方法が考えられます。この場合、実効性ある運用を確保するために、条例を運用する執行機関の担当課とペットの監視体制等を十分調整の上で制度化する必要があります。

　また、地域指定による規制方法としては、一定の区域をペットの立入禁止区域として指定する方法などが考えられます。この場合、条例で例えば「市長は、必要と認める場合は、地域を指定して飼い犬の立ち入りを禁止することができる。」という規定を設けたときは、地域指定は市長の裁量ですから、その地区の被害実態が著しく住民生活に影響がある場合や、その地区に特に衛生上の配慮を必要とする理由がある場合など、地区指定について十分納得のいく理由が必要であり、実際の運用は相当難しい面があると考えられます。

　少なくとも、地域指定をする考え方や例示などを条例で定めておくことが望ましいと考えられます。

　規制措置を講じる場合は、いわゆる比例原則から必要最小限の規制であることが求められますから、地域指定をして禁止しなければならないほどの必要性の説明が必要です。

【参考事例】飼い犬のフン放置規制条例の例

条例名	草津市飼い犬のふん等の放置防止等に関する条例（平成14年草津市条例第50号）
目的、趣旨	公共の場における飼い犬のフン等の放置防止等について必要な事項を定めることにより、環境美化の促進を図り、市民の美しいまちづくりに対する意識の高揚と快適な生活環境を確保すること。
条例の特色	（1）飼い主は、道路、公園、河川などの公共の場所や他人の所有地等で飼い犬を運動させる場合は、鎖等で犬をつなぐこと、フンや毛を処理する用具を携行すること、フン等を放置しないことを遵守事項として定めていること。 （2）市長は飼い犬の立入禁止区域を定めることができること。 （3）飼い犬の遵守事項に違反した場合や立入禁止区域に飼い犬を連れて立ち入った際の指導、勧告、命令、公表について定めていること。

Q11 家庭における青少年のインターネット、コンピュータゲームの長時間にわたる利用が正しい生活習慣の習得や心身の健康維持の点で問題となっているとの意見が聞かれるが、条例により何らかの規制を設ける場合の留意点は何か。

A 青少年の野放図なインターネットの視聴や長時間のコンピュータゲームの利用については、憲法上の著作物の表現の自由や事業者に対する営業の自由、家庭生活に対する行政の介入に関する民事不介入の原則、青少年への健全な教育・育成などの観点から様々な意見がありますが、現時点では自治体条例の分野では、制度目的により大きく「青少年の健全育成」と「いわゆる依存症対策」の2つの考え方があります。

第1の「青少年の健全育成」を目的とした考え方では、多くの自治体（都道府県）のいわゆる青少年保護育成条例に、青少年の保護者に対して青少年に有害情報を視聴させないことやフィルタリングソフトの活用の努力義務や、インターネット事業者に対して青少年が有害情報に触れさせない閲覧防止措置の行政指導などについて規定を設けている事例は多くみられます[iv]。

第2の「いわゆる依存症対策」としては、香川県が議員提案条例で「香川県ネット・ゲーム依存症対策条例」を2020年3月に制定しました。香川県議会では、青少年期におけるインターネットやコンピュータゲームの過剰な利用の、心身の健康への影響を憂慮し、議員連盟を立ち上げ、超党派の条例検討委員会を立ち上げて検討し条例化しました。検討の過程では、マスコミ等でも賛否両論がありましたが、内容的には、罰則等もなく、保護者に対する子どもの家庭におけるゲーム等の時間制限の順守や事業者に対する依存症対策への協力などの努力義務、医療や相談支援体制の整備などが規定されています。

類似の規定例としては、国では「ギャンブル等依存症対策基本法」を2019年に制定しています。この法律では、国や都道府県の具体の施策を盛り込んだ計画策定、教育・医療・相談・社会復帰の体制整備、国民、国、事業者の責務などが規定されています。

インターネットやゲームの依存症対策としての条例化を考えるに当たって

は、地域における立法事実の確認はもとより、家庭におけるゲーム等の時間制限の医療面・教育面からの合理的説明や実効性の担保、類似する青少年保護育成条例との関係性などについても説明に留意する必要があります。

【参考事例】ネット・ゲーム依存症対策条例の例

条例名	香川県ネット・ゲーム依存症対策条例（令和2年香川県条例第24号）
目的、趣旨	ネット・ゲーム依存症対策の推進について、基本理念を定め、及び県、学校等、保護者等の責務等を明らかにするとともに、ネット・ゲーム依存症対策に関する施策の基本となる事項を定めることにより、ネット・ゲーム依存症対策を総合的かつ計画的に推進し、もって次代を担う子どもたちの健やかな成長と、県民が健全に暮らせる社会の実現に寄与すること。
条例の特色	（1）インターネット事業やソフト開発等の事業者は、著しく性的感情を刺激し、甚だしく粗暴性を助長し、又は射幸性が高いオンラインゲームの課金システム等により依存症を進行させる等子どもの福祉を阻害するおそれがあるものについて自主規制の努力義務を課す等によりネット・ゲーム依存症に陥らないために必要な対策を実施すること。 （2）プロバイダやSNSの運営事業者、ゲーム機販売事業者等は、フィルタリングソフトウェアの活用等により、県民がネット・ゲーム依存症に陥らないための対策を実施すること。 （3）県がネット・ゲーム依存症の予防対策、医療・相談支援体制の整備、人材の育成、関係機関等の連携協力などの施策を行うこと。 （4）保護者に対して、子どもと話し合い、コンピュータゲームの利用に当たっては、1日当たりの利用時間が60分まで（学校等の休業日にあっては、90分まで）の時間を上限とすること及びスマートフォン等の使用に当たっては、義務教育修了前の子どもについては午後9時までに、それ以外の子どもについては午後10時までに使用をやめることを目安とし、家庭でのルールを遵守させる努力義務を課していること。 （5）県は定期的に実態調査を行うこと。

Q12 市内のいわゆる「ごみ屋敷」について、再三の近隣住民から苦情が寄せられている。議員提案条例による対策を検討する際の留意点は何か。

A いわゆる「ごみ屋敷」とは法的には明確な定義がありませんが、環境省が2017年度に行った「平成29年度「ごみ屋敷」に関する調査」^v
の調査対象からは、「ごみなどが屋内や屋外に積まれることにより、悪臭や害虫の発生、崩落や火災等の危険が生じる家屋」とみることができます。

この調査によると、「ごみ屋敷」は全国の594自治体（回答のあった自治体の34.2％）で認知され、全国で82自治体で条例化が行われています。ごみ屋敷問題の発生原因は多岐にわたっており、高齢化等に伴う身体能力や判断力の低下、精神疾患、経済的困窮、家族や地域からの孤立などが背景にあるといわれており^{vi}、その対応には、自治体の環境、福祉の担当部署、地域の自治会、医療機関や福祉施設、さらには警察、消防など多くの関係機関の連携が必要です。

したがって、条例の目的も「環境美化」や「きれいなまち」等の実現（伊達市、宇都宮市など）、建築物等の「物品の堆積」や「不良な生活環境」などの解消（郡山市、中野区、横浜市、豊田市、神戸市など）、空き家対策と併せた家屋の「適正管理」など（新宿区、品川区など）、「廃棄物の適正処理」（三郷市、日野市など）、原因者の「支援」などを含むもの（京都市）のように様々なものがあり、条例化の要因となる立法事実も多岐にわたっていることが想定されます。

また、条例に規定されている制度の内容も「ごみ」の除去に対する助言・指導・勧告などの行政指導にとどまるもの、立入調査などを含むもの、命令等の行政処分を可能とするもの、さらに、公表や罰則などの制裁、「ごみ」の除去の行政代執行までを規定するものなどがみられます。

このように「ごみ屋敷条例」は、それぞれの自治体が抱える「ごみ屋敷」問題の性格や問題の捉え方などに応じて様々な条例があり、スタンダードな型が、なかなか成立しにくい側面があります。

条例の立案に当たっては、規制的な側面を持たせる場合には「比例原則」

に基づき必要最小限の規制手段を段階的に導入していくことに留意する必要があります。また、条例の実効性の観点から、多岐にわたる関係機関と十分に調整の上で、実際に機能できる制度を盛り込むことが大切です。また、ごみ屋敷問題は条例制定で即解決するわけではないので、制定後の運用や関係機関の有機的連携を継続的に図っていく必要があります。また、既存の廃棄物や精神保健などの関係法令との調整も場合により検討する必要があります。

ごみ屋敷対策条例を議員提案で制定した事例としては、2017年に制定された「横須賀市不良な生活環境の解消及び発生の防止を図るための条例」があります。この条例は、市内の住宅地にある一戸建て住宅の建物内外とに住人が近隣のごみも集めて敷地外にも堆積した状態が永年にわたり継続し、悪臭や害虫の発生、景観や周辺住民の通行の妨げ、火災発生のおそれなどがあり、地元の町内会と議員、研究者等が協力して立案したとのことです。

横須賀市条例では、基本的には、ごみ屋敷の原因者の自主的なごみの撤去を市が支援するスタンスですが、その上で撤去が進まない場合には指導勧告、公表、命令、行政代執行までのフルセットの手続を定めています。条例制定後、行政代執行により、一時ごみが撤去されたようですが、その後もごみの堆積は一進一退が続いており、運用上も継続的な取組が必要な状況となっているとのことです。

【参考事例】ごみ屋敷対策条例の例

条例名	横須賀市不良な生活環境の解消及び発生の防止を図るための条例（平成29年横須賀市条例第39号）
目的、趣旨	不良な生活環境の解消及び発生の防止を図るための措置に関し必要な事項を定め、その状態の解消、予防及び再発防止を推進するとともに、堆積者が抱える生活上の諸課題の解決に向けた支援を行い、市民が安全で安心して暮らせる快適な生活環境を確保すること。
条例の特色	（1）市長は、不良な生活環境の建築物等（ごみ屋敷）について、堆積者が、自ら解消することができるよう必要な支援を行うことができること。 （2）市長は、ごみ屋敷への立入調査、堆積者等への報告徴収、関係機関等への必要な情報の報告を求めることができること。

	（3）市長は、ごみ屋敷の堆積者に支援後に、必要な指導・勧告をすることができること。 （4）市長は、指導・勧告後もごみ屋敷状態が解消しない場合は、原因者の公表、命令をすることができること。 （5）市長は、命令発出後にごみの除去が困難であり、公益を害すると認める場合は行政代執行をすることができること。
類似事例	郡山市、足立区、横浜市、豊田市、京都市、神戸市など（いずれも首長提案）

Q13 廃棄物の不法投棄は目にあまるものがあるが、特に市町村では産業廃棄物に関する権限がない。市町村も摘発に参画するとともに、摘発を容易にするため住民からの通報を促進するための制度を条例化できないか。

A 増え続ける廃棄物の処理が社会問題化している中で、不法投棄も大規模に組織的に行われている事例も見られます。組織的な不法投棄を防止するためには、初期の段階で情報をつかみ、被害が大きくならないうちに摘発する体制をつくることが大切です。その点で、住民からの情報提供が不可欠です。また、法律上、産業廃棄物については政令市や中核市以外の普通の市町村に権限はありませんが、地域の環境保全のため、市町村も立入検査や原状回復などについて一定の権限を持たざるを得ない状況になっている場合も最近多く見受けられます。

　そこで、市町村として、不法投棄に対して指導、監督、原状回復の権限や手続きや、住民からの通報を促進するために報奨金を出すことなどについて制度化している例があります。

　この場合、市町村が産業廃棄物に関しても一定の権限を持つものとする制度を設ける場合には、法律上の権限を有する都道府県などと十分な協議が必要です。本来、不法投棄対策については、行政の縦割りに関係なく、相互に協力していくことが住民のためになると考えられますから、対策がスムーズに行われるよう役割分担と共同作業の範囲を明確にしておくことが求められます。議員提案条例で行う場合には、立案段階から担当課との調整を進めて

いくことが得策です。

通報に対する報奨金制度については、住民に対する規制ではないので、八千代市の例では規則で定めていますが、住民や地域社会、不法投棄を企てている者へのアピールを考えた場合、少なくとも報奨金を出すことは条例に定めておいたほうが望ましいと考えられます。

【参考事例】不法投棄防止条例の例

条例名	八千代市不法投棄防止条例（平成14年八千代市条例第15号）
目的、趣旨	市内において環境美化に対する意識啓発を行い、環境の破壊並びにごみ及び再生資源の散乱の原因となる不法投棄の防止に関し、協力して清潔で美しいまちづくりを推進し、良好な生活環境を確保すること。
条例の特色	（1）市民及び滞在者等は，生活環境の保全のため、ごみ等の散乱防止に努めなければならないものとし、土地所有者は、所有地で不法投棄防止に努め、不法投棄された場合には必要な措置を講ずるよう努めるものとすること。 （2）市民等に、不法投棄又は不法投棄者を発見したときは，速やかな情報提供義務を定めていること。 （3）不法投棄に関して、立入検査、措置命令、命令違反者への過料（5万円以下）を定めていること。 （4）規則で不法投棄の情報提供者に対して報奨金（1万円）を定めていること。

 Q14 プレジャー・ボートの台数が増加し、危険な操縦や不法係留等が問題となっている。秩序あるプレジャー・ボートの操縦や係留のための制度を条例化できないか。

A 余暇の多様化、アウトドア指向の高まりなどのため、全国的にプレジャー・ボートと呼ばれるレジャー用小型船の増加に伴う種々の問題を解決するため、プレジャー・ボート対策のための条例を制定している自治体が増えてきています。

各自治体においても、プレジャー・ボート問題の担当課はさまざまであり、問題の内容に応じて、漁港、港湾、河川、環境などに所管がまたがって

います。この問題の多様性を反映して、すでに制定されている条例も目的に応じて次の3種類程度に分類されるようです。

① 河川、港湾施設等への不法係留対策を中心とするもの（東京都、千葉県、広島県等）

河川、港湾、漁港区域の中で区域指定などをして、不法係留の禁止や不法係留船の撤去等のための手続きを規定

② 水難事故防止対策を中心とするもの（北海道：議員提案）

遊漁船の転覆死亡事故を教訓に、ライフジャケットの着用義務、危険操縦の禁止、区域指定によりプレジャー・ボートの航行の規制措置などについて規定

③ 騒音や燃料流出など環境保全対策を中心とするもの（滋賀県）

琵琶湖水域の環境保全の観点から、区域指定によるプレジャー・ボートの航行規制、エンジンの騒音規制、2サイクルエンジンの使用規制などについて規定

このように、ひと口にプレジャー・ボート規制条例といっても、目的により種々の条例が考えられます。それぞれの地域実態にあった制度を検討する必要があります。議員提案条例として制定を検討する際には、地域事情をよく分析し、最も実情にあった制度を選択することが大切です。また、執行機関側の担当課も分かれていますし、海上水難事故関係は海上保安部の所管になるなど、行政内部の調整も時間を要することも予想されます。関係者の意見聴取も、利用者や漁業者、遊漁船業者など、対象が多数で難しい面があります。このような点を十分に考慮に入れて検討することが大切です。

【参考事例】プレジャー・ボート条例の例

条例名	北海道プレジャーボート等の事故防止等に関する条例（平成15年条例第35号）
目的、趣旨	水域におけるプレジャー・ボート等の航行に伴う危険及び水難事故等を防止し、プレジャー・ボート等に係る水上交通の安全を図り、もって水域利用者の生命、身体及び財産の保護に寄与すること。

条例の特色	（1）操縦者の義務として、危険操縦の禁止、救命胴衣を着用させる義務などを定めていること。 （2）所有者に、事故時の対応、船の適正管理、保険等の加入努力義務などを定めていること。 （3）遊漁船などの提供事業者の届出制などを定めていること。 （4）水産施設等への被害防止について定めていること。 （5）プレジャー・ボートの航行を規制する水域利用調整区域の指定について定めていること。 （6）危険防止のための航行停止等について定めていること。 （7）条例違反行為に対する罰則を定めていること（罰金：最高30万円）。

首長提案の条例議案を議員修正した事例

 首長提案の条例議案について、原案に過不足があるので、議員提案により修正したいと考えているが、どのようにすればよいか。

A 　首長提案の議案の議員修正は、議案の委員会審査の際に、修正案を提案したいと考える議員が修正動議を出して行うのが、議論を深めるという点では有効です。

　議員修正の事例として、2016年6月に那覇市議会で行われた「那覇市総合計画策定条例」[vii] の議員修正の事例について紹介します。

⑴「那覇市総合計画策定条例」の議員修正のプロセス

　これは当時、地方自治法の改正により市の総合計画の策定に当たっては議会の議決を要しないとされたことから、那覇市では引き続き同法96条2項の条例による議決を要する事項とするため、同条例案を提案しました。ところが、条例に計画策定に関する市民協働に関する具体の規定がないことから、市民協働に関する条項の追加を行う議員修正を行ったものです。那覇市議会の会議録と、この議案修正を実際に行った議員によると、議会での審議経過は概ね次のとおりです。

①本会議での質疑

　まず、本会議で総合計画策定条例の提案理由説明が執行部から行われ、その後、議案調査を経て議案に対する議員による質疑が行われました。質疑は市民協働の規定がないことに対する考え方を質すもので、執行部からは、「計画策定過程での市民参画は重要と認識しつつも、当該条例は法的整理をしたものなので、すでに計画策定への市民参画は定着しており、条例前文に市民協働の理念が示されていることから、あえて条例に規定を設けなかった」との答弁でした。

②委員会での執行部への質疑と修正の発言

　さらに、付託後の常任委員会での議案審査の際に、議員が再度質疑を行い、執行部側の意向を確認し、議案修正に関する発言があります。

③委員会での修正に関する「議員間討議」

　その後、委員長から「議員間討議」[viii] を行う旨が告げられ、この議案について議員同士の討議が行われ、修正についての共通認識が形成されました。「議員間討議」の際には、修正の素案となる「修正案のメモ」が議員から各議員に配布されました。その後、修正について会派に持ち帰り検討することで議員間討議を閉じ、翌日の委員会で再度審議することとされました。

④委員会での修正動議の提出と議決

　翌日に再開された委員会では、議会事務局の法務担当も入って整理された正式な修正案が、議員から提出され、修正理由の説明がありました。修正案は、総合計画の策定過程に市民協働を担保させるために、原案に「市長は、基本構想又は基本計画を策定し、又は変更しようとするときは、市民の意見を十分に反映させるために必要な措置を講ずるものとする」との条項を追加するものでした（現行の第4条）。

　この時点で正式には、市長提案の条例案に対する修正動議が提出されたと解釈されます。成立した動議は優先審議事項とされることから、修正案について審議され、修正案が可決されました。その後、修正部分を除く原案が可決され、原案が修正されたこととなります。

⑤本会議での委員長報告と修正案の可決

　委員会での修正議決を経て、本会議では、所管委員長から条例案の修正に

ついて報告され、その後、委員長報告のとおり可決され、条例が修正の上で成立しました。

(2) 那覇市議会の事例の注目点

①早期の情報収集と問題点の把握・検討

　まず、市長提案の条例原案について早期に情報収集し、問題点を把握し修正の検討を行ったことです。

　提案者によると、「重要な条例であることから、早い時点から注目して情報収集を始めていたが、原案の全体がわかったのは開会前に議案説明を受けた際で、その後、提案理由に対する質疑等を通じて修正案の検討を行い、他会派にも調整した」とのことでした。議案の内容は重要なものであれば、最終案が固まるのは開会直前になることもあります。条例議案の修正には、細部の法的検討が必要な場合も多く、修正に当たっては早期に情報収集と方針決定、修正案の準備をすることが大切です。

②「議員間討議」の活用

　条例議案の修正に当たり「議員間討議」の仕組みを上手に活用していることです。那覇市議会では、様々な議案審議の中で、執行部との質疑答弁の後に「議員間討議」を行うケースが見られます。議会審議の透明性確保や意思決定への責任の明確化の観点から望ましいことと評価できます。また、那覇市の事例では、提案者の議員からいきなり修正動議を提出するのではなく、議員間討議の中で「修正案のメモ」の形で試案を提示し意見交換する手法がとられています。この手法は、他の議員からも納得が得られやすいのではないかと思われます（本書第5章参照）。

【参考事例】首長提案の条例議案の議員修正の例

条例名	那覇市総合計画策定条例（平成28年那覇市条例第28号）
目的、趣旨	【前文】 那覇市総合計画は、これまで羅針盤のように私たちに夢と希望に満ちあふれた明るい未来を示し、本市のまちづくりに大きな役割を果たしてきた。これからも、市民との協働により創り上げていく総合計画を本市のまちづくりの指針として位置づけるべく、この条例を制定する。（下線は筆者） 【目的】 総合計画の策定等について必要な事項を定めることにより、本市における総合的かつ計画的な行政の運営に資すること。
修正の概要	【原案】（首長提案） 「市民意見の反映」については、前文（下線部）には規定されているが、条例本文には特に規定なし。 【修正案】（委員会における議員修正） 第4条として次の1条を追加 （市民意見の反映） 第4条　市長は、基本構想又は基本計画を策定し、又は変更しようとするときは、市民の意見を十分に反映させるために必要な措置を講ずるものとする。 ※条例の前文には、一般的に法的な拘束力はないとされています

i 　2020年2月17日NPO法人公共政策研究所発表による（http://koukyou-seisaku.com/image/2019.12.1jitigikaisekoujyoukyou6.pdf）。

ii 　飯田市議会　飯田市自治基本条例のあらまし8（制定までの経緯）（https://www.city.iida.lg.jp/uploaded/attachment/15177.pdf）参照。

iii 　ビズサプリ　自治体ポータル「行政が取り組みにくい課題を市議会が主導。議員立案で条例化する「鎌倉市モデル」に注目」（https://www.nec-nexs.com/supple/autonomy/interview/kamakura/）参照。

iv 　たとえば、香川県青少年保護育成条例17条の3〜17条の5では、保護者の努力義務のほか、事業者への勧告、従わない場合の公表などが規定されている。そのほか、静岡県、北海道などでも同様の規定がある。

v 　環境省ホームページ（http://www.env.go.jp/recycle/report/h30-18.pdf）参照。同調査の詳しい調査年月日が明示されていないが2017年度内に実施とされる。

vi 　北村喜宣著「条例によるごみ屋敷対応をめぐる法的課題」（2019年、公益財団法人日本都市センター「自治体による「ごみ屋敷」対策—福祉と法務からのアプローチ—」）

123頁参照。

vii 詳細は、那覇市議会会議録の2016年6月定例会、本会議（6月6日、6月10日、6月29日）、総務常任委員会（6月20日、6月21日）を参照。

viii 「議員間討議」について、那覇市議会基本条例（平成24年那覇市条例78号）16条2項では、「議会は、本会議及び委員会において、議案等を審議し結論を出す場合にあっては、合意形成に向けて議員相互間において議論を尽くすよう努めるものとする。」と規定されている。

結びにかえて
（新たな時代の議会をめざして）

　本書ではこれまで、2000年の地方分権改革から20年が経過した今日におい
て、新たな次元に地方議会が向かうために必要な実務的論点について、議員
提案条例の視点から論じてきました。

　では、新たな次元とはどのような議会でしょうか。これからの地方自治の
世界を考えると、多くの自治体が人口減少に突入し、毎年のように大規模な
災害に見舞われています。今も厳しい対応が続いている新型コロナウィルス
感染症の蔓延では、国民生活全体に大きな影響が出ています。このような想
定外の事態が今後も起こる可能性は十分にあります。

　一方でAIをはじめとするテクノロジーは急速に進歩すると見込まれま
す。今後、地域社会や住民生活のありようは大きく変化していくことは容易
に想像がつきます。そのプロセスでは、ICT技術を使えば、個々の住民の
意向把握は容易であり、これまで以上に情報公開、住民参画と細かな説明責
任を要求されると考えられます。いわば、直接民主制的要素が増えていくの
です。

　そのような社会では、住民自身が、地域社会のルールを決め、マネジメン
トしていくことに参画していくことになります。住民が「ルールを決める」
ということに着目すると、究極的には「市民立法」ということになります。
住民に痛みを強いる政策をとらざるをえない状況となった場合、「市民立法」
又はそれに近い形の意思決定や政策の表現が求められてきます。そのように
していかないと、より多くの住民の納得や理解を得られないからです。

　このような観点に立つと、住民との協働による議員立法のカタチも増えて
くるといえます。つまり、議員立法は市民立法への橋渡しの役割を果たすも
のとも見ることができ、議員立法の機能はますます重要となるものと考えま

す。議員提案条例やそれに携わる議員のノウハウ・スキルは、将来の地域や市民社会に向けたインキュベーターとしての機能を果たしていくべきです。

　今後、議員提案条例がさらに高いレベルになり、それが住民に伝播し、地域や住民にとって有用な資産となっていくことを期待したいと思います。

●参考文献

1 議員立法一般に関するもの

(1) 中村睦男・編『議員立法の研究』(信山社・1993年)

(2) 五十嵐敬喜・小川明雄・著『議会―官僚支配を超えて―』(岩波新書)(岩波書店・1995年)

(3) 秋葉賢也・著『地方議会における議員立法』(文芸社・2001年)

2 政策法務に関するもの

(1) 礒崎初仁『自治体政策法務講義(改訂版)』(第一法規・2018年)

(2) 兼子仁・北村喜宣・出石稔・共編『政策法務事典』(ぎょうせい・2008年)

(3) 北村喜宣・礒崎初仁・山口道昭・編著『政策法務研修テキスト〈第2版〉』(自治体法務サポート ブックレット・シリーズ1)(第一法規・2014年)

(4) 田村泰俊・千葉実・津軽石昭彦・編著『先端・ハイブリッド行政法』(八千代出版・2019年)

(5) 阿部泰隆・著『政策法学講座』(第一法規・2003年)

(6) 木佐茂男・田中孝男・編著『自治体法務入門(第4版)』(ぎょうせい・2012年)

3 法制執務に関するもの

(1) 法制執務研究会・編『新訂 ワークブック法制執務(第2版)』(ぎょうせい・2018年)

(2) 石毛正純・著『法制執務詳解新版Ⅲ』(ぎょうせい・2020年)

4 議員提案条例に関するもの

(1) 礒崎初仁・著『自治体議員の政策づくり入門』(イマジン出版・2017年)

(2) 牧瀬稔・著『議員が提案する政策条例のポイント』(東京法令出版・2008年)

(3) 津軽石昭彦・著『議員提案条例をつくろう―議員提案条例のノウハウ―』(第一法規・2004年)

5 議会改革に関するもの

(1) 大森彌・著『新版・分権改革と地方議会』(ぎょうせい・2002年)

(2) 野村稔・著『地方議会改革宣言―実務のプロが教える成功のポイント』(ぎょうせい・2003年)

(3) 江藤俊昭・著『議会改革の第2ステージ―信頼される議会づくりへ―』(ぎょうせい・2016年)

(4) 金井利之・著『自治体議会の取扱説明書』(第一法規・2019年)

◉著者紹介

津軽石 昭彦（つがるいし・あきひこ）

　　関東学院大学法学部地域創生学科教授。岩手県生まれ。1982年岩手県入庁、法務、行政改革、環境、議会等の担当を経て2018年3月退職、同年4月から現職（専門は地方自治、環境政策、防災復興政策）。2009年より岩手県立大学非常勤講師（政策法務論）。この間、各種政策や条例などの企画立案、市町村の議員提案条例の支援等に携わる。

　　2011年度自治体学会賞論文奨励賞受賞。著書に『自治体法務サポート　ブックレット・シリーズ2　政策法務ナレッジ　青森・岩手県境産業廃棄物不法投棄事件』（共著、第一法規）、『議員提案条例をつくろう―議員提案条例のノウハウ―』（単著、第一法規）、『政策法務事典』（共著、ぎょうせい）、『先端・ハイブリッド行政法』（共著、八千代出版）など。

サービス・インフォメーション

──── 通話無料 ────

①商品に関するご照会・お申込みのご依頼
　　　　　TEL 0120（203）694／FAX 0120（302）640
②ご住所・ご名義等各種変更のご連絡
　　　　　TEL 0120（203）696／FAX 0120（202）974
③請求・お支払いに関するご照会・ご要望
　　　　　TEL 0120（203）695／FAX 0120（202）973

●フリーダイヤル（TEL）の受付時間は、土・日・祝日を除く
　9:00～17:30です。
●FAXは24時間受け付けておりますので、あわせてご利用ください。

条例の種を見つけて作れる！ 変化に応じて見直せる！
「生きた」議員提案条例をつくろう

2020年11月30日　初版発行

著　者　津軽石　昭　彦
発行者　田　中　英　弥
発行所　第一法規株式会社
　　　　〒107-8560　東京都港区南青山2-11-17
　　　　ホームページ　https://www.daiichihoki.co.jp/

議員提案条例　ISBN978-4-474-07384-5　C0032　（1）